Hans-Christoph Piper

Gespräche mit Sterbenden

HANS-CHRISTOPH PIPER

Gespräche mit Sterbenden

VANDENHOECK & RUPRECHT
IN GÖTTINGEN

CIP-Kurztitelaufnahme der Deutschen Bibliothek

Piper, Hans-Christoph
Gespräche mit Sterbenden. – 1. Aufl. – Göttingen:
Vandenhoeck und Ruprecht, 1977.
ISBN 3-525-62163-9

 – Satz und Druck: Gulde-Druck, Tübingen.
Bindearbeit: Hubert & Co., Göttingen

Vorwort

Die Reihe der „Berliner Hefte für evangelische Krankenseelsorge“ brachte 1973 eine kleine Sammlung von „Gesprächen mit Sterbenden“ heraus, die von Hugo Zabel, Paul-Heinz Grunow und mir kommentiert worden waren. Dies Heft ist nur dem Kreis der Krankenhausseelsorger zugänglich gewesen. Inzwischen haben wir unsere Erfahrungen in der Seelsorge an Sterbenden beträchtlich erweitern können, so daß ich mich entschlossen habe, eine größere Sammlung von Gesprächsanalysen einem weiteren Interessentenkreis vorzulegen.

Die Beiträge von Hugo Zabel finden sich in den ersten beiden Gesprächsanalysen wieder; Paul-Heinz Grunow hat die letzte verfaßt. In das abschließende Kapitel ist ein Aufsatz eingegangen, den ich in der Zeitschrift „Wege zum Menschen“ (Heft 1/1972) unter der Überschrift: „Die Unfähigkeit zu sterben“ veröffentlicht habe.

Zu danken habe ich den Kollegen und Kolleginnen — evangelischen und katholischen Teilnehmern an Kursen der Klinischen Seelsorgeausbildung —, die ihre Gespräche für eine Veröffentlichung zur Verfügung gestellt haben. Die Gespräche selbst sind so verfremdet, daß eine Identifikation ausgeschlossen ist.

Hannover, im Februar 1977 — Hans-Christoph Piper

Inhalt

Einführung

Unvergessen wird mir einer meiner ersten Krankenbesuche bleiben, den ich als Pastor bei einem Gemeindeglied im Krankenhaus machte. Die krebskranke Patientin ließ mich gar nicht zu Worte kommen. Sie schimpfte maßlos auf die Kirche, auf das Krankenhaus, auf Gott und die Welt. Sie schleuderte mir ihre ganze Aggression ins Gesicht. Ich floh aus dem Krankenzimmer. Ehe ich die Tür hinter mir zuzog, hörte ich noch, wie sie mit leiserer Stimme sagte: „Kommen Sie doch einmal wieder." Ich bin — ratlos und verletzt — nicht wieder hingegangen. Wenig später war die Frau gestorben.

Das war etwa 1960. Wen ich auch fragte: Niemand konnte mir die Reaktion der Frau verständlich machen. Niemand konnte mir sagen, wie ich mich hätte verhalten können. Die Lektüre der einschlägigen Literatur über Seelsorge im Krankenhaus und an Sterbenden half auch nicht weiter. Was damals im Blick auf die Seelsorge an Sterbenden reflektiert wurde, ist etwa in dem 1960 erschienen Buch von Ruth Fuehrer „Besuch und Seelsorge im Krankenhaus" nachzulesen[1]. Das Kapitel „Vom Geleit bei Sterbenden" kreist fast ausschließlich um Probleme des sakramentalen Handelns am Sterbenden. Was ist zu tun, wenn der Sterbende nicht mehr bei klarem Bewußtsein ist? Was, wenn die Angehörigen dennoch den sakramentalen Beistand des Geistlichen wünschen? Das *Gespräch* mit sterbenden Menschen kommt nicht ins Gesichtsfeld.

Hier hat erst Elisabeth Kübler-Ross mit ihrem Buch „On

---

[1] R. Fuehrer, Besuch und Seelsorge im Krankenhaus, Göttingen 1960. Dies Buch ist natürlich nicht die einzige zu nennende Publikation aus der Zeit vor 1970, die für die Krankenhausseelsorge von Belang war. Hinzuweisen ist vor allem auf die Arbeit von E. Ansohn, Die Wahrheit am Krankenbett, München 1965, die das Für und Wider abgewogen diskutiert und Wichtiges über Begriffe wie „Wahrheit" und „Hoffnung" ausführt. Freilich: der „Transfer" all dieser Erkenntnisse in die konkrete Situation am Krankenbett will praktisch nicht gelingen.

Death and Dying" 1969 einen grundlegenden Wandel eingeleitet. Die deutsche Ausgabe erschien 1971 unter dem Titel „Interviews mit Sterbenden". Sie hat das Tabu, mit Sterbenden sei nicht zu reden, vor allem nicht über das Sterben selbst, durchbrochen. Sterben versteht sie als einen seelischen Prozeß, der verschiedene Phasen durchlaufen kann, angefangen von der „Leugnung" bis zur „Annahme", über Aggression und Depression und einen Kampf, den man mit „Verhandeln" oder „Markten" bezeichnen kann. Für diesen krisenhaften Prozeß ist es entscheidend, daß wir ihn nicht todeinsam durchstehen müssen, sondern daß wenigstens *ein* Mensch da ist, der uns darin begleitet.

Das Buch von E. Kübler-Ross ist nicht das einzige auf diesem Gebiet geblieben. Wir beobachten seitdem einen sich ständig verbreiternden Strom von Literatur über das Thema Tod und Sterben, an dem alle Fachrichtungen beteiligt sind und der sogar die sogenannte schöne Literatur erfaßt hat[2]. Wenn wir freilich die Fülle der Veröffentlichungen zu überblicken versuchen, dann leuchtet ein, was P. Sporken über den Unterschied zwischen Tod und Sterben sagt. „Das Durchbrechen des Todestabus ist schon sehr wichtig, aber es ist kein Endpunkt. Es macht nur den Weg frei für das Durchbrechen eines anderen Tabus, das sehr eng damit zusammenhängt, das Tabu des Sterbens." Auf diesem Weg sind wir noch nicht sehr weit vorangekommen. „Wir haben zwar den Mut, über den Tod im allgemeinen und sogar über den Tod von Angehörigen und Freunden zu sprechen. Aber wenn wir entweder berufsmäßig oder durch zufällige Umstände mit Sterbenden umgehen müssen, dann lassen wir nicht selten den Sterbenden im Stich, wenn mit diesem Sterbenden über sein Sterben gesprochen werden muß."[3]

---

[2] Ohne Anspruch auf einige Vollständigkeit zu erheben, habe ich am Schluß des Buches eine Literaturübersicht gegeben.

[3] P. Sporken, Menschlich sterben, Düsseldorf [2]1973, S. 8–9.

Symptomatisch dafür scheint mir das Buch von Stella Baum: Der verborgene Tod (Frankfurt/M. 1976) zu sein. Sie veröffentlicht Interviews, die sie mit Menschen gehalten hat, welche auf irgendeine Weise mit Sterbenden zu tun bekommen hatten, von Angehörigen angefangen bis zum Angestellten des Krematoriums. Nur mit einem Sterbenden selbst hat sie nicht gesprochen.

Es ist in diesem Zusammenhang nicht ohne Bedeutung, wie die Seminare, in denen E. Kübler-Ross ihre Beobachtungen gewonnen hat, entstanden sind. Theologiestudenten hatten sie um ihre Mithilfe bei einer geplanten Arbeit über Krisen im menschlichen Leben gebeten, wobei sie in erster Linie an die Krise des Sterbens dachten. Die Ärztin begnügte sich nicht mit Literaturhinweisen, sondern entwickelte (gemeinsam mit dem Klinikpfarrer Carl A. Nighswonger) Seminare, in deren Mittelpunkt das Gespräch mit unheilbar kranken Patienten stand[4]. Diese Gespräche und das, was sie bei den Teilnehmern an emotionalen Reaktionen auslösten, war anschließend Gegenstand der Gespräche im Kreis des Seminars.

Das Erscheinen der Arbeit von E. Kübler-Ross fällt zeitlich mit dem Anfang der Klinischen Seelsorgeausbildung (Clinical Pastoral Education) in der Bundesrepublik Deutschland zusammen. Für diese Form der Ausbildung ist es ebenfalls kennzeichnend, daß sie den Kontakt mit Menschen, die sich in einer seelischen Krise befinden (Krankenhaus, Gefängnis, Beratungsstelle) unmittelbar mit einbezieht. Es war selbstverständlich, daß dabei die in Krankenhäusern durchgeführten Kurse wenigstens zum Teil den Charakter von Seminaren „über Tod und Sterben" bekamen, denn die Begegnung mit Patienten, deren Lebenserwartung rasch abnahm, konnte nicht ausbleiben. Daß solche Begegnungen aber reflektiert wurden, und daß die Teilnehmer sich mehr und mehr solchen Begegnungen stellten, ist sicher zu einem großen Teil den Impulsen, die von E. Kübler-Ross ausgingen, zu verdanken.

Freilich unterscheiden sich die Kurse der Klinischen Seelsorgeausbildung in mancher Hinsicht von den Seminaren, deren Ergebnisse uns in dem Buch von E. Kübler-Ross vorliegen[5]. Die Teilnehmer an der Klinischen Seelsorgeausbildung sind für die Zeit des Kurses Mitglieder des Klinikpfarramts und machen als solche Patientenbesuche. Sie sind also nicht von vornherein

---

[4] Vgl. dazu auch W. Becher: Ist Seelsorge an Sterbenden lehrbar? in: Wege zum Menschen 24/1972, S. 24–33.

[5] Zu dem Modell, aus denen die Gesprächsanalysen stammen, vgl. W. Zijlstra, Seelsorge-Training, München und Mainz 1971; H.-Chr. Piper, Klinische Seelsorge–Ausbildung (Berliner Hefte f. ev. Krankenseelsorge Nr. 30) Berlin ²1973.

darauf aus, mit Sterbenden zu sprechen. Sie gehen „unvoreingenommen" in die Krankenzimmer und wissen vielfach nicht im voraus, in welchem Zustand sie die Patienten dort antreffen. Sehr häufig hat das zur Folge, daß wir erst durch „Signale", die wir in der Gesprächsanalyse entdecken, auf die (drohende) Krise des Patienten aufmerksam werden. Das hat dazu geführt, daß wir solchen „Signalen" besondere Beachtung geschenkt haben.

In der Regel empfangen auch die Patienten den Besuch des Seelsorgers „unbefangener", als das bei den Gesprächen in den von E. Kübler-Ross beschriebenen Seminaren der Fall sein dürfte. Dort wird der Patient in einen besonders hergerichteten Seminarraum gefahren. Er weiß, daß viele Menschen das Gespräch, wenn auch für ihn selbst unsichtbar, miterleben. Und er weiß, was von ihm erwartet wird: daß er nämlich über sein augenblickliches Erleben spricht — wenn ihm auch völlige Freiheit darin gegeben wird, wieweit er die Erwartung erfüllen will. So haben diese Gespräche auf weite Strecken hin „Interview"-Charakter. Der Titel der deutschen Übersetzung des Buches ist durchaus zutreffend. Ohne Zweifel haben diese Gespräche dabei entlastend für die Patienten gewirkt. Dadurch, daß sie ihre Erfahrungen mitteilen durften und von ihren Gesprächspartnern und den Zuhörern ernstgenommen wurden, erhielt ihr Leiden ein Stück Sinn.

Dies fällt in der Klinischen Seelsorgeausbildung in der Regel fort. Die Gesprächssituation ist offen. Der Pfarrer kommt zu Besuch, und er bietet sich als Seelsorger an. Dadurch werden andere Erwartungen (und Befürchtungen) beim Patienten geweckt als beim Eintritt eines Arztes, der ihn für ein Seminar gewinnen will. Auf diese Weise kommt die spezifische Rolle des Pfarrers/Priesters ins Blickfeld, die er für einen Patienten hat (und die durchaus unterschiedlich sein kann). Diese Rolle zu entdecken, zu reflektieren und anzunehmen, ist das erklärte Ziel der Klinischen *Seelsorge*-Ausbildung. Es kann nicht übersehen werden, daß die Gespräche, die in diesem Buch protokolliert sind, auf weite Strecken anders verlaufen als die von E. Kübler-Ross wiedergegebenen.

Auf einen weiteren methodischen Unterschied muß noch hingewiesen werden. In der Klinischen Seelsorgeausbildung wird in der Regel nicht mit Tonbandaufnahmen gearbeitet. Die Teilnehmer fertigen aus dem Gedächtnis Gesprächsprotokolle an. Das hat weniger damit zu tun, daß für viele Patienten ein mitlaufendes Tonband ungewohnt und dadurch eher hemmend wirken würde, während uns an einem möglichst unbefangenen Kontakt gelegen ist. Vielmehr geht es uns bewußt um den subjektiven Eindruck, den ein Gespräch beim Seelsorger hinterlassen hat. Es geht um die eigene Erfahrung, die der Seelsorger am Krankenbett gemacht hat. Das bedeutet nicht, daß wir dem Gedächtnisprotokoll im Blick auf seinen Wahrheitsgehalt mißtrauen müßten: Vergleiche von Tonband- und Gedächtnisprotokollen zeigen, daß die Gespräche in ihrem dynamischen Verlauf zutreffend wiedergegeben sind. Vor allem Kommunikationsstörungen schlagen sich unweigerlich in den Protokollen nieder. Es wäre im übrigen eine Illusion zu meinen, es gäbe ein Verfahren, durch das der Patient *objektiv* wiedergegeben werden könnte. Wir erkennen einander nur in der Begegnung, und wir mißverstehen einander nur auf Grund von Kommunikationsstörungen. Die eigene subjektive Wahrnehmung kann dabei nie ausgeschaltet werden. Gerade das Erkennen der eigenen Wahrnehmungstrübung kann im Nachhinein zu einem besseren Verstehen des Gesprächspartners führen.

Auch in der Gesprächsanalyse auf Grund des vorgelegten Protokolls wird der Seelsorger in erster Linie nach seinem eigenen Erleben gefragt. „Wie haben Sie das erlebt?" Es geht darum, daß er seine Erfahrungen zur Sprache bringt. Der Prozeß, der sich dabei (angefangen bei der Anfertigung des Protokolls) abspielt, erinnert an Freuds „Erinnern, Wiederholen, Durcharbeiten". Erst wenn ich das, was mir „widerfahren" ist, zur Sprache bringe, wird es zu *meiner* Er-fahrung. Ich kann es integrieren. „Wo Es war, soll Ich werden" (Freud).

Das ist mehr als ein „Wissen", wie ich es mir durch Lektüre aneignen kann. Martin Buber schreibt in seinen „Erzählungen der Chassidim" von einem Levi Jizchak, der gegen den Willen seines Schwiegervaters eine Reise zu einem berühmten Rabbi unternimmt. Heimgekehrt wird er angeherrscht: „Nun, was hast du schon bei ihm erlernt?!" Auf die Antwort: „Ich habe erlernt, daß es einen Schöpfer der Welt gibt" ruft der Schwiegervater einen Diener herbei und fragt, ob ihm das bekannt sei? „Freilich", rief Levi Jizchak, „alle sagen es, aber erlernen sie es auch?"[6]

Um dieses Er-lernen geht es. Unerläßlich dabei ist ein Stück Begleitung. Sie geschieht in der Klinischen Seelsorgeausbildung durch den Supervisor und durch die Gruppe. Sie stellen sich dem Seelsorger mit ihrem *eigenen Erleben* zur Verfügung. Und zwar erleben sie den Seelsorger in seinem Protokoll wie auch in seinem Verhalten hier und jetzt. Es ist auffallend, wie oft das Gespräch in der Gruppe das Problem des vorgelegten Gesprächs wiederspiegelt, so daß die Frage, was sich eben jetzt in der Gruppe ereignet, zum Schlüssel für das Verständnis des Seelsorgegesprächs werden kann. Zu erklären ist dies durch den Umstand, daß die Gruppenmitglieder sich teils mit dem Seelsorger und teils mit dem Patienten identifizieren. Deswegen sind an dieser Stelle auch Rollenspiele hilfreich, in denen der Seelsorger in die Rolle des Gesprächspartners in seinem Protokoll schlüpft, während ein Gruppenmitglied die Rolle des Seelsorgers übernimmt.

Aber nicht nur der Seelsorger lernt an der Analyse seines Gesprächs. Auch die Gruppe nimmt daran teil. Es geht um ein partizipierendes Lernen. Eigene Erfahrungen werden erinnert, wiederholt und verarbeitet.

Die Hoffnung, daß solches partizipierendes Lernen auch dem Leser dieser Gesprächsanalysen möglich sein wird, ist der Grund für die Herausgabe des vorliegenden Buches. Erfahrungen, die inzwischen mit einer früheren Sammlung von Gesprächsanalysen gemacht worden sind, haben mich dabei ermutigt[7]. Natürlich kann dies Lernen nie so intensiv werden, wie es in einer Gruppe ist, in der das Protokoll über viele Stunden Gegenstand intensiven Suchens und Bemühens ist. Dies Buch kann die Teilnahme an einem Kurs, in dem man seine eigenen Erfahrungen zur Sprache bringt, nicht ersetzen. Aber wenn die hier gesammelten Erfahrungen den Leser aufmerken

---

[6] M. Buber, Die Erzählungen der Chassidim, Zürich 1949, S. 331 f. Zu diesem „Supervisions"-Modell vgl. H. C. I. Andriessen, Leren aan ervaring en supervisie, Nijmegen 1975. Eine deutsche (gekürzte) Übersetzung erscheint 1977 unter dem Titel „Pastorale Supervision" (München).

[7] H.-Chr. Piper, Gesprächsanalysen, Göttingen ²1975.

lassen und ihn vielleicht an eigene Widerfahrnisse erinnern, halte ich seinen Sinn für erfüllt. Wenn er die Protokolle gemeinsam mit anderen liest und sich darüber austauscht, *ehe* er sich der anschließenden Analyse zuwendet, kann der Lerneffekt gegenüber einer durchlaufenden Lektüre erfahrungsgemäß erheblich gesteigert werden.

Zum Verständnis der Protokolle selbst sei noch angemerkt, daß die meisten von ihnen aus einer Gesprächs*reihe* stammen. In der Regel werden daraus Protokolle von solchen Gesprächen angefertigt, die für den Seelsorger unbefriedigend geblieben sind. Er hat das unbestimmte Gefühl, seinen Gesprächspartner nicht richtig verstanden zu haben oder ihm nicht gerecht geworden zu sein. Er ist sich über seine eigenen Reaktionen nicht im klaren. Vielleicht ist er durch das Ansinnen eines Patienten in einen Konflikt geraten. Nun braucht er die Gruppe und nimmt ein Stück „Supervision" in Anspruch, damit er den Kontakt hilfreicher fortsetzen kann.

Auf diese Weise kommen in den vorliegenden Protokollen exemplarisch *typische* Schwierigkeiten in derartigen Situationen zur Sprache. Die Protokolle sind so ausgesucht, daß sich in ihnen die Probleme, vor die sich Seelsorger bei der Begleitung Sterbender gestellt sehen können, möglichst differenziert wiedergegeben sind. Das Lernen geschieht in der Verarbeitung dieser Probleme. Der Leser, der sich von ihnen möglichst eindeutige Regeln, „wie man es richtig macht", erwartet, wird vermutlich enttäuscht werden. Unsere Erfahrung ist es, daß die Menschen (auch die Seelsorger) so verschieden und die Situationen, vor die sie sich gestellt sehen, immer wieder so unerwartet und neu sind, daß uns mit „eindeutigen" Verhaltensregeln im entscheidenden Augenblick wenig geholfen ist. Vielmehr ist es so, daß wir das Angemessene tun, je mehr wir gelernt haben, unseren Gesprächspartner in dem, was er uns mitteilen möchte, und unsere eigenen Reaktionen darauf, zu verstehen.

Das andere Auswahlprinzip für die Protokollsammlung ist der Versuch, auch die Art und Weise, wie Menschen ihre Situation verarbeiten, wenn der Schatten des Todes sie gestreift hat oder bereits dunkel auf ihnen liegt, exemplarisch und möglichst differenziert erkennbar werden zu lassen. Ein besonderes

Augenmerk haben wir dabei auf die „Sprache der Sterbenden"[8] gerichtet. Auch hier stehen einige hundert genau untersuchte Gesprächsprotokolle im Hintergrund, die uns berechtigen, die aufgezeigte „Symbolsprache" aus dem Bereich des Zufälligen hervorzuheben. Weitere Beispiele werden in dem abschließenden Kapitel dieses Buches dargestellt.

Gespräche (und somit auch Gesprächsprotokolle) haben dort ihre Grenze, wo kein Gespräch mehr möglich ist. Es wird aber einsichtig sein, daß der vorangegangene Kontakt des Seelsorgers mit dem Sterbenden entscheidend dafür ist, ob und was der Seelsorger dann noch für ihn tun kann. Kommunikation, die auf Vertrauen gegründet ist, trägt auch dann noch, wenn das Gespräch verstummt. Sie kann dann zum Zeugnis für die Liebe Gottes werden, von der uns weder Tod noch Leben scheiden kann (Römer 8, 38–39).

---

[8] So der Titel der deutschen Übersetzung des Buches von A. P. L. Prest: Emotional Aspects of the Death Process (Göttingen 1970).

Der verzweifelte Optimismus

Der Seelsorger (S) etwa Mitte 50, wird durch die Stationsschwester auf eine etwas über 60jährige Patientin hingewiesen (P), die an fortgeschrittenem Leberkrebs erkrankt ist. Er möge sie besuchen, obgleich die Tochter gerade bei ihr sei. Beim Eintreten fällt ihm sogleich der körperliche Verfall der Patientin auf, aber auch, daß sie einmal eine Schönheit gewesen sein müsse. Bald hat er auch den Eindruck: sie ist auch ein Schöngeist. Die Frau hat die Augen erschöpft geschlossen und liegt an einer Tropfinfusion. Die bei ihr sitzende Tochter (Mitte 20) wirkt auf ihn so, als sei sie geistig der Mutter nicht ebenbürtig. Er hat den Einfall: ein Sorgenkind! — Im Zimmer ist noch eine weitere Patientin, die eine ältere Besucherin mit einem Kind bei sich hat. — Der Seelsorger tritt an das Bett von P.

S 1: Guten Tag, Frau N.! Ich bin Pastor Y. (es folgt noch eine genauere Vorstellung). Wenn es Ihnen angenehm ist, wollte ich Sie besuchen. (S. begrüßt Mutter und Tochter; ebenfalls die beiden anderen Damen und das Kind.)

P 1: Sehr angenehm. Aber entschuldigen Sie mich, ich bekam gerade eine Spritze und bin ein wenig betäubt.

S 2: Bitte sehr! Ich wende mich dann eben der anderen Patientin zu.

P 2: Ich danke Ihnen.
(Nach kurzem Kontakt geht die andere Patientin mit dem Kind hinaus. S unterhält sich angeregt mit der Besucherin. Da schaltet sich unvermittelt P ein. S wendet sich ihr zu)

S 3: Geht es Ihnen ein wenig besser?

P 3: Ja, ich habe immer solche Schmerzen, es ist kaum zum Aushalten. — Und jetzt ist es wieder wie verflogen. Man kann nicht dankbar genug sein. Sie sind so unvermutet weg, da nimmt man das so ganz selbstverständlich hin.

S 4: Es ist gut, eine Linderung der Schmerzen zu erfahren.

P 4: Ich bin auch nicht allein; bin dankbar, daß meine Tochter bei mir ist.
(Sie streichelt deren Hand, und die Zärtlichkeit wird erwidert)

S 5: Ist dies Ihre einzige Tochter?

P 5: Nein, ich habe noch eine. Sie ist verheiratet, wohnt im Saarland. Vor kurzen war sie hier und hat mich besucht. Sie ist auch so gut zu mir.

S 6: Wie schön, daß Sie ein so schönes Familienleben haben.

P 6: Ja, ich darf wirklich dankbar und glücklich sein, daß alle so lieb zu mir sind. Meine Tochter führt den Haushalt und macht das sehr schön. Ich verdiene das Geld.

S 7: Was sind Sie von Beruf?

P 7: Ich bin Schauspielerin und am . . .Theater.
(S spürt, daß sie stolz darüber ist)

S 8: Und Ihr Gatte, lebt der noch?

P 8: Nein, er ist im Krieg gefallen. – Auch zwei Kinder sind gestorben.
(S spürt die innere Erregung bei diesen Worten.)

S 9: Um so mehr bedeutet es, daß Sie das Leben gemeistert haben und ein so harmonisches Familienleben besitzen.

P 9: Weil wir soviel verloren haben, bin ich auch so dankbar. Wir haben unser Glück, noch beisammen zu sein, zu schätzen gewußt.

S 10: So ist es; wenn man Schweres erlebt hat, nimmt man das Gute nicht selbstverständlich hin.

P 10: Ja, wir haben einander immer verstanden und verziehen. Einer half dem anderen.
(Die Tochter nimmt die Hand der Mutter und streichelt sie. Dann entfernt sie sich aus dem Zimmer)

S 11: Das bedeutet sehr viel, daß alle so gut zu Ihnen sind.

P 11: Ja, auch die Kollegen und Kolleginnen kommen und sind gut zu mir. Sie sagen, ich sei ihre Mutter.
(Sie ist sehr bewegt)
Es strengt doch sehr an – – – die Erinnerung.

S 12: Dann darf ich mich für heute verabschieden. Wenn es Ihr Wunsch ist, komme ich wieder.

P 12: Ja, kommen Sie. Ich bin bestimmt noch längere Zeit hier.

Der Seelsorger hat schon beim Eintreten einen starken Eindruck von der Patientin. Aus der Besprechung in der Gruppe ging hervor, daß ihn ihr körperlicher Verfall berührte und zugleich die Ausstrahlungskraft dieser Frau ansprach. Unwillkürlich drückt sich das in seiner Sprache aus. Er tritt einer Dame gegenüber. Seine Begrüßung bekommt eine gesellschaftliche Form. „Wenn es Ihnen angenehm ist, wollte ich Sie besuchen." Er sagt nicht „möchte ich Sie besuchen". Es ist eine besondere Art von Zurückhaltung. — Sie wird vor allen anderen ausgezeichnet und mit ihrem Namen angesprochen. Sein Gegenüber geht sofort auf diesen Stil ein. „Sehr angenehm, aber entschuldigen Sie mich . . .". Auch sie „hat Form", aber sie muß darauf hinweisen, daß sie „nicht in Form ist". Der Seelsorger akzeptiert die „Entschuldigung". Er sagt es ihr in der gleichen gehobenen gesellschaftlichen Sprache. „Bitte sehr. Ich wende mich . . . zu." Die Patientin versäumt es nicht, sich dafür zu bedanken.

An dieser Eröffnung des Gesprächs ist bemerkenswert, wie der nonverbale Kontakt schon eine Weiche stellt und wie sich beide Partner aufeinander einspielen. Wir werden sehen, daß die von beiden beherrschte Form im weiteren Verlauf keine geringe Rolle spielt.

Das Gespräch mit der älteren Besucherin bleibt ein flüchtiges Intermezzo. Als P unvermittelt ihre Gesprächsbereitschaft bekundet, wendet der Pfarrer sich ihr sofort zu. Er führt ihr verändertes Verhalten auf ein wenig Besserung zurück. Die Antwort ist aufschlußreich. Sie spricht zunächst von ihrem Grundbefinden. Das hat Vorrang. Nur auf diesem Hintergrund kann ermessen werden, wie relativ und flüchtig, aber auch wie dankbar eine Erleichterung empfunden wird. „Ja, ich *habe immer* solche Schmerzen, es ist kaum zum Aushalten." Der sprachliche Ausdruck zeigt, wie gegenwärtig und beherrschend dieser Zustand angesehen wird. „Und jetzt ist es *wieder wie* verflogen." Sie kennt das Kommen und Gehen dieser willkommenen Phasen („wieder"). Sie weiß auch, daß die Schmerzen nur *wie* verflogen sind. S 4 nimmt nur den positiven Teil auf. Warum überhört der Seelsorger, daß die Patientin von Schmerzen spricht, die nicht zum Aushalten sind?

Die Patientin kommt auf das „nicht allein sein" zu sprechen. Sie ist dankbar, daß ihre Tochter bei ihr ist. Mutter und Tochter streicheln sich gegenseitig und — wie der Seelsorger bemerkte — öfter die Hände. Er hatte das Gefühl, als sei „die Zärtlichkeit eine Brücke", über die beide zueinander kamen. Kein

Wort kommt die ganze Zeit aus dem Munde der Tochter. In der Gruppenbesprechung tauchte ebenfalls der Gedanke auf, daß das Halten der Hände ja auch ein Festhalten am anderen sei. Wer hält sich bei wem fest? Zweifellos wird sich die sterbende Mutter Sorgen machen, die schutzbedürftige Tochter allein zurückzulassen, und ihre Hände werden sie immer wieder zu erreichen suchen. Dabei ist sie ganz Mutter und muß die Stärkere sein. Zugleich gibt ihr diese Rolle die Möglichkeit, sich an ihrer Tochter und der Aufgabe an ihr festzuhalten. In der Gebärde des Streichelns versucht sie das Gefühl der Isolation zu überwinden, das sie als Sterbende immer wieder überkommt.

In der Besprechung sagte der Seelsorger, er habe das „zarte Idyll" zwischen Mutter und Tochter nicht stören wollen. Es zeigte sich aber auch, welche Ergriffenheit und emotionale Beanspruchung für ihn in dieser Szene lag. Er befreit sich aus dieser „Tiefe" durch eine Informationsfrage (S 5). Möchte er wissen, ob die Patientin außer dem „Sorgenkind" noch einen weiteren Halt hat? Es gibt noch eine Tochter, die „auch so gut zu mir ist". Der Pfarrer gewinnt den Eindruck eines guten Familienlebens. Damit korrespondiert eine offenbar große und bewunderungswürdige seelische Ausgeglichenheit und eine positive Lebenseinstellung bei der Patientin. „Danken" und „dankbar sein" tritt gehäuft auf. Auch sonst beschwört die Sprache die Lichtseiten („sie sind alle so lieb zu mir" — Kinder und Kollegen sind „so gut zu mir"; . . .). Dieser Grad der Betonung könnte stutzig machen. Sollen die „Schatten" dahinter versteckt werden? Wir werden sehen. In P 6 empfand der Seelsorger den Satz: „Ich verdiene das Geld" als eine „Störung der Idylle". Die Stimme habe hier einen harten Klang bekommen. Der erwachsenen Tochter wird vor dem Besucher bescheinigt, daß sie „den Haushalt sehr schön macht". Der Seelsorger hatte den Eindruck, daß die Mutter-Tochter-Beziehung und Rollenverteilung doch nicht ganz so unproblematisch ist.

Er fragt weiter. Vom „Geld verdienen" kommt er auf den Beruf. Der Stolz, den er bei der Frau registriert, entspricht seiner Bewunderung für sie. Mit S 8, der Frage nach dem „Gatten", wird eine Reaktion ausgelöst, von der er freimütig sagte, daß sie ihm Angst gemacht habe. Sein Einfall war: „Das sind

Wunden." Die Frau, die bisher alles mit Form und Betonung des Positiven meisterte, muß jetzt um ihre Fassung kämpfen. Die „Schattenseiten" melden sich. Der Seelsorger glättet die negative Woge, die andrängt und auch kommen mußte, in dem Augenblick, wo sich die glatte Oberfläche zu kräuseln beginnt. Auf die „Wunden" kommt das Pflaster: das Leben gemeistert und das harmonische Familienleben. Die Patientin wird in der Rolle festgehalten, Meisterin sein zu müssen. Irgendetwas im Seelsorger erträgt es nicht, daß *diese* Frau auch eine andere Seite hat, die nicht Harmonie und Stärke ist.

Sie hat sich bald gefangen. Der Anfang von P 9 verrät noch die Spannung ihrer Gefühle, die sich fast widersinnig artikulieren. Ein Salto mortale: „Weil wir *soviel verloren* haben, bin ich auch *so dankbar.*" Man hat den Eindruck, daß ein Gefühl übersprungen wird, das zunächst nach Verlust aufkommt. Aus dem harten Schicksal ist alsbald eine Lektion geworden, die einen dankbaren Umgang mit dem verbliebenen Rest ermöglicht.

Wiederum verrät die Sprache, was sie eigentlich verbergen soll. „Wir *haben* unser Glück ... *zu schätzen gewußt.*" Da ist schon Rückschau auf Vergangenes; ein eigener Nachruf. So auch in P 10: „Wir *haben* einander immer verstanden und verziehen. Einer *half* dem anderen." Dem Pfarrer fiel das „verziehen" auf, das ja aus dem Rahmen fällt. Offenbar gab es (und gibt es?) natürlicherweise allerlei zu verzeihen. Doch davon wurde bisher nicht gesprochen.

Hier kommt es wieder zu einem „Brückenschlag" zwischen Mutter und Tochter durch eine Gebärde. War er hier besonders nötig geworden? Kurz darauf verläßt die Tochter den Raum. Das Bisherige war wohl für sie, die schweigend dabei saß, zu belastend geworden.

Im weiteren Fortgang nimmt der Seelsorger die Signale des Negativen nicht auf. Alle sind gut zu ihr. Die Patientin sieht sich im Kreis der Kollegen. „Sie sagen, ich sei ihre Mutter." Sie ist wieder in der Rolle, wo sie stark ist für andere und die ihr jene Stärke gibt, die eigene Schwachheit nicht sehen zu müssen. Doch es kostet viel Kraft, diese Rolle durchzuhalten. „Es strengt doch sehr an, — die Erinnerung." Die Ursache der Anstrengung wird nachgeliefert. Zweifellos trifft auch das zu: Die

Rückschau auf die Zeit, in der sie mitten im Berufsleben stand und für andere stark sein konnte, belastet die nicht ausgesprochenen Gefühle.

Der Seelsorger spürt, daß die Kraft verbraucht ist. Es wird ihm gestattet, wiederzukommen. Der Hinweis, sie sei „bestimmt noch längere Zeit hier", bedeutet zunächst, daß sie nicht mit baldiger Genesung und Entlassung rechnet. Die Signale des Unbewußten, die wir bei dieser Sterbenden vernommen haben, lassen noch eine zweite, tiefere Bedeutung zu. Sie hat den Wunsch, gegen alle Unsicherheit „bestimmt" noch eine längere Zeit unter den Lebenden zu bleiben.

In der Gruppenbesprechung sagte der Seelsorger, er habe von der Patientin den Eindruck gehabt, sie hätte mit einer „unnachahmlichen Würde die Situation beherrscht". Diese Haltung habe ihm Bewunderung abgenötigt. Er meinte auch, sie würde „unter Aufbietung aller körperlichen und geistigen Kräfte in dieser Weise durchhalten — bis der letzte Vorhang fällt".

Über den weiteren Krankheitsablauf wissen wir freilich, daß ihr das nicht möglich war. Es kamen Wochen, in denen sie zum Schrecken der Station wurde und mit ungewöhnlicher Aggressivität ihre Umgebung tyrannisierte. Die Tochter, die in diesem Gespräch gestreichelt wurde, erhielt von der sterbenden Patientin Schläge. Sie wagte es nicht mehr, in das Zimmer der Mutter zu gehen. — Später konnte sie dann in seelsorgerlichen Gesprächen immer bewußter die Realität ihres Lebens und baldigen Sterbens annehmen. Sie konnte realistische Hoffnung von unrealistischer trennen. Sie rechnete sich aus, den Besuch der verheirateten Tochter in zwei Monaten „noch erleben" zu können. Sie freute sich auf die Möglichkeit, für eine kurze Zeit das Grün ihres Gartens noch sehen zu können.

Sie kam erst zu ihrem Frieden, nachdem sie den verzweifelten Optimismus und die kraftverzehrende, vereinsamende heldische Rolle aufgeben konnte und es ihr auch vom Gesprächspartner gestattet wurde, ein Mensch mit Schwachheit zu sein.

„Ich kann noch nicht die Hände in den Schoß legen"

Die gebrochene Vitalität

Das folgende Gespräch wurde von einem jungen Gemeindepfarrer (S) kurz nach dem Besuch bei einem 46jährigen Mann (P) seiner Gemeinde, der in einem entfernt liegenden Krankenhaus lag, aufgeschrieben. Der Besuch kam zustande durch einen Anruf der Ehefrau von P. „Meinen Mann müssen Sie besuchen; der ist krank!" S: „Wie heißen Sie?" Erst danach erfolgen nähere Angaben. Der Seelsorger sagte bei der Besprechung in einer Gruppe, er habe durch diese emotional geladene Aufforderung spontan zugesagt. Später habe er sich nur widerstrebend auf die lange, zeitraubende und nicht übliche Fahrt begeben. — Er trifft P in einem 6-Betten-Zimmer an, in dem außer ihm nur noch ein Patient im Bett liegt, der sich gerade mit seiner Frau unterhält. Drei andere Insassen des Zimmers brechen zu einem Spaziergang auf. Nachdem sich der Pfarrer vorgestellt und sie begrüßt hat, wendet er sich zuletzt auch P zu.

S 1: Guten Tag, Herr W. Darf ich mich zu Ihnen setzen?

P 1: Gern, Herr Pastor! (Deutet auf einen Hocker an seinem Bett) Der Mann dort ist eben erst angekommen; die anderen drei gehen schon wieder spazieren.

S 2: Sie sind schon länger in diesem Zimmer.

P 2: Ja, es sind jetzt schon 8 Tage. Ich habe nie etwas gehabt. Im Kriege war ich mal verwundet. Es kam ganz plötzlich. Nachts. Ich habe nie etwas gemerkt. Am liebsten habe ich mir Krankenhäuser immer von außen angesehen. Der Arzt sagt, es wird wohl 6–8 Wochen dauern. Die Firma zahlt ja das Gehalt weiter. Aber meinen Beruf kann ich nicht mehr ausüben. Das ging alles ganz schnell. Jetzt habe ich keine Schmerzen. (Er legt seine Hände auf die Bettdecke in Höhe der Genitalorgane)

S 3: Sie wissen, woran Sie erkrankt sind.

P 3: Ja, ja. Irgend etwas mit den Nieren und der Blase. So genau wissen die das noch nicht. (Er sieht zu seinem Bettnachbarn)

S 4: Sie sagten, daß Sie Ihren Beruf nicht mehr ausüben können.

P 4: Ganz sicher nicht. Ich bin im Tiefbau beschäftigt. Seit mehreren Jahren mache ich das. Anfangs waren wir nicht so gut gestellt wie heute. Der Abteilungsleiter wohnt bei uns oben im Haus. Er hat gesagt, ich soll mir keine Sorgen machen. Wer so lange in der Firma arbeitet, der wird nicht einfach rausgeworfen. Ich war auch nie krank. Ich war immer da, wenn man mich brauchte. Manchmal mußte ich sogar meinen Garten liegen lassen. Den will ich jetzt aber doch verkaufen, der strengt zu sehr an. Meine Frau sagt auch: Das hinter dem Haus reicht für Gemüse und so. Ich kann ja auch nicht mehr so wie früher. Jetzt bin ich 46. Diese Geschichte kam irgendwie zu plötzlich. Meine Frau sagt, ich soll mir keine Gedanken machen. Zu Haus sei alles in Ordnung. Sie besucht mich öfter mit meiner Tochter. Sie hat gefragt, ob ich Fernsehen haben will. Die sollen mir damit vom Hals bleiben. Fernsehen kann ich zu Haus. Ich bin doch nicht hier, um Urlaub zu machen.

S 5: Sie möchten möglichst schnell wieder gesund werden und nach Haus zurück.

P 5: Wissen Sie, man ist so hilflos hier im Bett. Wenn ich wenigstens wüßte, was mit mir los ist. Ich bin das nicht gewohnt, so rumzuliegen und aufs Essen zu warten. Alles, was ich habe und esse, habe ich selbst verdient. Ich habe immer gearbeitet. Wir sind einfache Leute und können nicht so die Hände in den Schoß legen.

S 6: Sie befürchten, Ihre Bekannten sagen, daß Sie sich im Krankenhaus nur erholen wollen; daß Ihnen im Grunde gar nichts fehlt.

P 6: Ja. Ich bin doch zu jung für das Krankenhaus. Es ist ja nicht einmal ein Betriebsunfall. Ich sah auch nicht krank aus, sagt meine Frau, als ich hierher kam. Ich habe schon 4 Pfund abgenommen.

S 7: Aus Ihrem Betrieb hat Sie noch niemand besucht?

P 7: Nein, noch nicht einer. So lange bin ich ja auch noch nicht hier. Wir haben viel zu tun. Wir sind oft unterwegs. Es ist eine schwere Arbeit. Haben Sie so was schon mal gesehen?

S 8: Ja, ein wenig.

P 8: Dann wissen Sie ja, was da los ist. Wir müssen hart arbeiten. Ich habe schon Urlaub gehabt. Dann kommt so eine Krankheit. Es ist ja nicht zu ändern.

S 9: Sie vermuten, daß Ihre Nachbarn und Kollegen sagen, daß Sie nur Ihren Urlaub verlängern wollen.

P 9: Da wird so viel geredet. Man ist ja nicht mehr der Jüngste. In einem Dorf wird viel geredet. Wir haben ein Haus gebaut. Oben wohnt der Abteilungsleiter. Wir verstehen uns gut. Warum auch nicht. Das ist doch nichts.

S 10: Sie meinen, die Leute sind neidisch wegen dieser Bekanntschaft.

P 10: Ja. Das ist doch immer so. Die sagen sicher: wenn er nicht mit N. N. bekannt wäre, läge er jetzt nicht im Krankenhaus. Was soll man dazu sagen?
(Der Arzt kommt herein und bittet die Frau des neu eingelieferten Patienten und S, für einen Augenblick das Zimmer zu verlassen)

S 11: Herr W., ich komme gleich wieder zu Ihnen.

P 11: Ja. Gut.
(Nach ca. 5 Min. geht S wieder in das Zimmer. Herr W. ist mit der Tätigkeit des Arztes und mit dem Befinden seines Bettnachbarn beschäftigt. Während S sich an sein Bett setzt, schaut er häufig zu seinem Bettnachbarn.)

S 12: Sie sehen hier viel Neues und Unbekanntes.

P 12: Ja. (schaut wieder zum Arzt)

S 13: Herr W., darf ich Sie in der nächsten Zeit wieder einmal besuchen?

P 13: Ja, gern.

S 14: Auf Wiedersehen!

Der Seelsorger begrüßt P und fragt, ob er sich setzen dürfe, d. h. ob sein Besuch willkommen sei. Das wird ihm mit einem „Gern, Herr Pastor!" und einer einladenden Gebärde bestätigt. Der Hocker ist übrigens die einzige Sitzgelegenheit, die der Besuchte anzubieten hat. Auch er redet seinerseits den Seelsorger an, und zwar mit dessen Amtsbezeichnung. Wahrscheinlich ist das in dieser ländlichen Gegend die vertraute Form. Doch es mag darin auch zum Ausdruck kommen, daß der Besucher als Pastor gesehen und als solcher akzeptiert, vielleicht auch gewünscht wird. Nun stellt P seine Mitpatienten vor, indem er andeutet, in welcher Position sie „im Rennen liegen". Der Seelsorger spürte, daß er indirekt etwas über sich selbst sagen wollte und trifft in S 2 das Empfinden des Patienten. Dem „eben erst angekommen" und dem „schon wieder spazieren" steht das „schon länger“ und das „schon 8 Tage“ entgegen. Die Gruppe, in der dieses Gespräch besprochen wurde, hatte den Eindruck, daß der Mann zu diesem Zeitpunkt noch den Schutz und das Medium der Patientengruppe braucht, um dem Gemeindepfarrer etwas von sich zu sagen. In den Zeitangaben ist verschlüsselt enthalten, daß er sich im Vergleich zu den anderen in einer ungünstigeren Position sieht.

Das zeigt deutlich der Fortgang. Unverhüllt sagt er, wie er von der Krankheit überrumpelt wurde. Es kam über Nacht! Wir hören die Bedrohung, die aus dem Unbestimmten („es“) und aus der Plötzlichkeit eines dunklen Geschickes („nachts“) erwächst. Nachdem er berichtete, „wie es kam“, möchte er sagen, „wie es weitergeht“. Doch hier kann er sich nur an einer Aussage des Arztes orientieren, die in dem „wohl 6—8 Wochen“ das Unüberschaubare enthält. Sicher weiß er nur über seine Zukunft, daß ihm die Krankheit seine berufliche Existenz genommen hat. „Die Firma zahlt ja das Gehalt weiter. Aber ...“ Der Verlust kann dadurch nicht aufgewogen werden. Vielmehr dürfte diese Einbuße die Angst um den Verlust der biologischen Existenz ansprechen. Darum kommt er unvermittelt wieder auf sein körperliches Befinden zu sprechen und muß sich etwas Positives sagen: „Jetzt habe ich keine Schmerzen.“ Es folgt eine Gebärde, die dem Seelsorger auffiel und die er als unbewußtes Signal verstand: In dieser Körperregion lauert die Gefahr. Das wird sogleich bestätigt: Niere und Blase. Der Seelsorger und die Gruppe hatten übereinstimmend den Eindruck, daß S 3 zu sehr bedrängend enthüllt, was noch im Schutzmantel des „Nichtwahrhaben-Wollens“ bleiben will und nur in Andeutungen sich äußert. Das schnell gesprochene „Ja, ja“ (P 3) empfand der Pfarrer als Ausdruck der Überrumpelung. Schon mit den nächsten Worten wird deutlich, daß es noch nicht zur Klarheit eines Wissens um die Krankheit gekommen ist. Das Wegsehen des Patienten zu seinem Bettnachbarn muß als Ausdruck einer Flucht aus einer unerträglichen Situation verstanden werden.

So wurde es jedenfalls vom Gesprächspartner empfunden. Er geht bewußt wieder auf jene Gesprächsebene zurück, die der Kranke zuvor selbst gewählt hatte: die berufliche Existenz. Hier kann er aussprechen, was ihm „ganz sicher nicht mehr möglich sein wird", aber auch, was er als Bollwerk gegen seine Sorge setzt: der Zuspruch des Abteilungsleiters, die Versicherung der eigenen Verdienste und das Wort der Ehefrau. Daß der Abteilungsleiter mit ihm unter einem Dache lebt, bedeutet vermehrten Schutz. Das Eingeständnis: „Ich kann ja auch nicht mehr so wie früher" wird sogleich aufgefangen durch die Zusicherung der Frau, er brauche sich keine Sorgen zu machen und zu Hause sei alles in Ordnung. Bedeutet das nur eine Beruhigung, daß sich der Kranke nicht zusätzlich um häusliche Dinge Gedanken machen muß? Sicherlich auch. Es könnte sein, daß es für den über Nacht in „Unordnung" und Unsicherheit Gestürzten viel mehr besagt. Die existenzielle Verbindung, die es zwischen dem eigenen Haus („der Bleibe") und der körperlichen Behausung („mein Bleiben") gibt, ist auch sonst unübersehbar. Wenn dort „*alles* in Ordnung" ist, kann das gegenüber der Angst vor Chaos und Verlust eine stabilisierende Wirkung haben. Darin kündigt sich vielleicht eine Wahrheit an, die über die Analyse menschlicher Wirklichkeit hinausgeht: Das Bleiben in einem Haus, wenn die irdischen Zelte abgebrochen werden. Es ist jedenfalls bemerkenswert, daß unserer Sprache die Möglichkeit innewohnt, kraftvoll zu transzendieren und daß Worte mehr als nur eine Ebene enthalten. Nach diesem „sprachtheologischen Exkurs" zurück zum Wortlaut. Wie wenig der Patient bereit ist, sich von seinem Zuhause trennen und sich im Krankenhaus häuslich einrichten zu lassen, zeigt er in seinem heftigen, überraschenden Widerstand gegen das Fernsehen. „Fernsehen kann ich zu Haus." Dort gehört es hin und auch ich. Das Krankenhaus ist ein Übergangsstadium. Sicher ist die Aggression gegen das Fernseh-Angebot auch begründet in dem Gefühl, in der belastenden Krankheitssituation nicht verstanden zu werden.

Der Seelsorger sagte zu P 4, daß er diese Stelle als verwirrend in der Fülle der Mitteilung empfand. Er nahm den letzten Hinweis auf. Offenbar fühlt sich der Patient verstanden, denn er kann in einer noch tieferen Weise sagen, was ihn bedrückt: die Hilflosigkeit und die Ungewißheit. Er beschreibt, was es für ihn bedeutet, herumzuliegen und aufs Essen zu warten, anstatt zu arbeiten und zu verdienen. Es ist ein für ihn völlig fremdes Lebensgefühl. Vorher konnte er das Leben aktiv angehen und sich sein Teil nehmen. Nun muß er hinnehmen, was ihm geboten wird. Man hat auch in diesem Gespräch den Eindruck, daß mit dem Essen nicht nur eine veränderte Form der Nahrungsaufnahme gemeint ist, sondern ein anderes Verhältnis zum „Lebensmittel" und damit zum Leben. In diesem Zusammenhang fällt das Wort, daß er nicht zu den Menschen gehört, die die „Hände in den Schoß legen können". Wir erinnern uns der Gebärde (P 2), die schon mehr zu sagen vermochte als was mit Worten aussagbar war. Nehmen wir „Wort und Zeichen" zusammen: Sagen sie nicht, daß es die Einschränkung oder gar der Verlust an Vitalität oder Leben überhaupt ist — sich darstellend in hilfloser Passivität —, die den ängstigen, der „noch zu jung ist für das Krankenhaus"? Es mag nicht verwunderlich sein, daß sich dieses Gefühl bei diesem Patienten in dieser Weise artikuliert. Er ist ja in der Region von Krankheit getroffen worden, die besonders das Vitale repräsentiert.

Während in S 3 der Seelsorger über das Ziel hinausschoß, nimmt er nun die Aussagen des Kranken nur abgeschwächt auf. Während dieser davon spricht, wie sehr ihn die Hilflosigkeit — dazu gehört auch die entbehrte Arbeit — und Ungewißheit bedrückt, redet der Seelsorger von der Befürchtung, Bekannte könnten ihn für einen Drückeberger halten, dem „gar nichts fehlt". Warum hört er hier relativ Harmloses heraus? Hat er Angst, an dieser Stelle noch einmal zu weit zu gehen? Ist für ihn selbst die Lage des Besuchten zu bedrückend geworden? Hat er ein Vorurteil, daß Arbeit und Verdienst für einen Arbeiter in ländlicher Umgebung nur Mittel sind, um vor den anderen bestehen zu können?

Für den Patienten ist hier eine andere Situation als in P 2. Er ist bereit, sich an seine dunkle Realität heranzutasten und darüber zu reden. Dabei hat ihm zweifellos der Seelsorger geholfen. Nun aber hat dieser Schwierigkeiten, dem Kranken zu folgen. Der Mann sagt zwar „Ja", aber er spricht dann von seiner eigentlichen Befürchtung: ich bin zu jung fürs Krankenhaus. Wenn es wenigstens eine „vernünftige", zu seinem Alter passende Erkrankung wäre, ein Betriebsunfall. Aber es ist etwas „Unsichtbares", Heimtückisches, das mir auch meine eigene Frau nicht ansah. Doch der Gewichtsverlust weist darauf hin, daß es ernst ist und „er abnimmt". Auch hier scheint die

Gewichtsabnahme — entsprechend sonst auch die Zunahme — als ein bedeutungsvolles Zeichen gewertet zu werden.

Der Gesprächspartner bleibt dabei, über die Außenbeziehungen des Patienten reden zu wollen. Warum fragt er in S 7 so, daß er eine negative Antwort zu erwarten scheint, die ja auch kommt? Steht hier sein Ärger im Hintergrund, daß *er* sich zu der weiten Reise bereitgefunden hat, während die Kollegen den Kranken im Stich lassen? Oder wird einfach die Linie von S 6 fortgesetzt, die das Negative und den Grund der Befürchtung beim Patienten von außen, von den Leuten kommen läßt?

Der Mann geht für einen Augenblick auf den Ton ein und läßt sich von dem Seelsorger ein wenig gegen seine Arbeitskollegen einnehmen. Die Antwort: „Nein, noch nicht einer" geht über eine bloße Feststellung hinaus. Doch die nächsten Sätze lassen erkennen, daß er sich vor sie stellt. Er schließt sich mit ihnen zusammen. „*Wir* haben viel zu tun. *Wir* sind oft unterwegs." Er läßt sich von seinem Arbeitsbereich, der das gute Teil seines Lebens bedeutet, nicht trennen. Ja, man könnte seine Frage an den Pastor, ob er diese schwere Arbeit kennt, als einen leichten Gegenangriff verstehen: Was wissen Sie eigentlich von *uns*? Doch dann ist er plötzlich über das Stichwort „hart arbeiten" beim Urlaub. Warum spricht er unvermittelt davon, daß er „schon Urlaub gehabt habe"? Der Urlaub könnte eine Chiffre sein für das Schöne und Erfreuliche des Lebens, das er hinter sich sieht. In dieser Hinsicht liegt nicht mehr viel vor ihm. Aus dem heiteren Himmel (Urlaub) kam der Blitz („so eine Krankheit") (P 8).

Der Seelsorger bleibt bei *seiner* Linie. Das Stichwort „Urlaub" gibt ihm die Möglichkeit, die Nachbarn und Kollegen die Krankheit so wenig ernstnehmen zu lassen, daß daraus ein „verlängerter Urlaub" wird. Der Patient hatte das nicht gesagt, und er kann in P 9 nur recht vage und hilflos sagen: „Da wird viel geredet." Man ist versucht zu fragen, ob das nicht auch eine unbewußte Aussage ist über das Hier und Jetzt der Rede des Pastors.

In dem „man ist ja auch nicht mehr der Jüngste" klingt noch einmal sein Thema von P 8 an: Das meiste und Gute liegt hinter mir, denn ich bin ja — abgesehen von der Krankheit — auch nicht mehr der Jüngste. Gewiß, mit 46 Jahren ist man nicht mehr der Jüngste, aber auch noch nicht „der Älteste". Eigentlich fühlt er sich ja auch noch „zu jung für das Krankenhaus". Offenbar geht es nicht primär um das Alter, sondern um eine euphemistische Ausdrucksweise für die angstvolle Andeutung: Meine Lebenskraft geht zu Ende, obwohl ich noch mitten ins Leben gehöre. Das kann noch nicht mit „ich" gesagt, sondern muß mit „man" umschrieben werden.

Doch dann ist er bereit, auf die Linie des Seelsorgers einzuschwenken, die dieser seit S 6 verfolgt. Ist seine Kraft erlahmt, sich Gehör zu verschaffen? Hat die Angst des Seelsorgers, die möglicherweise hinter dessen „Überhören" steht, seine Angst verstärkt und das Bedürfnis nach Verleugnung der Realität wachsen lassen? Es mag hinzukommen, daß es auch wirklich im Dorf ein mißgünstiges Reden über ihn und seine Beziehungen zum Abteilungsleiter gibt, schon lange vor der Erkrankung. Es kommt nun zu dem merkwürdigen Satz: „Wenn er nicht mit N. N. bekannt wäre, läge er jetzt nicht im Krankenhaus." Das ist so absurd, daß er vor der eigenen Deutung verstummt. „Was soll man dazu sagen?" Wie wenig die Absurdität auf das Dorfgerede zurückgeht, zeigt die Einleitung. „Die sagen *sicher*". Die verzweifelte Unterstellung und Projektion wird nötig, um den Krankenhausaufenthalt als Ergebnis einer guten Beziehung zum (all)mächtigen Abteilungsleiter herunterzuspielen und erträglich zu machen. Das Ergebnis ist freilich, daß der Geängstigte sprachlos wird und sich selbst nicht mehr versteht. Nur das Verstehen des Gesprächspartners könnte ihn vor dieser „absurden Existenz" bewahren oder daraus befreien.

In diesem Gespräch kam es nicht mehr dazu. Das Kommen des Arztes war nicht nur eine zeitliche Unterbrechung, sondern der endgültige Abbruch der Kommunikation. Das Gespräch kam nicht wieder zustande. Die Geschäftigkeit am Bett des Nachbarn benutzte der Patient, um demonstrativ zu zeigen, wie wenig er jetzt noch in der Lage und willens sei, auf einen besseren Kontakt zu hoffen, wie er in der ersten Hälfte des Gesprächs vorhanden war.

Der Gemeindepfarrer fuhr mit einem unbefriedigten Gefühl nach Hause. Den Grund sah er vorwiegend in der Störung durch den Arzt, die ihn verständlicherweise ärgerlich und enttäuscht machte. Wir glauben aber erkannt zu haben, daß schon viel früher der Kontakt gestört war. Für einen weiteren Besuch des Seelsorgers dürfte es für ihn wichtig sein zu erkennen, was in ihm — und gewiß nicht nur in ihm — angesprochen wird, wenn ein Mensch in der Mitte seiner Jahre mit viel Angst seine gebrochene Vitalität verarbeiten möchte.

„Dagegen kommt der beste Arzt nicht an"

Der Konflikt im Krankenhaus

Das folgende sind Ausschnitte aus dem Protokoll eines Gesprächs, das ein Seelsorger mit einer etwa 50jährigen Patientin führt. Die Frau ist von Beruf Ärztin. Sie wurde vierzehn Tage vor diesem Gespräch operiert. Dabei wurde eine Krebsgeschwulst entdeckt. Das war ihr aber noch nicht mitgeteilt worden. Arzt und Stationsschwester hatten sich bei dem Seelsorger über die Patientin beschwert: sie nörgle an allem herum, wolle alles besser wissen, sie erschwere dadurch sich und anderen das Leben und verzögere durch ihre Widerstände den Heilungsprozeß. Der Stationsarzt sagte zu dem Seelsorger: „Sie können von Ihrem Beruf her ihr da sicher besser helfen."

Nach einigen einleitenden Sätzen sagte die Patientin:

P 1: Ich war schon vor Weihnachten im X-Krankenhaus. Da kam einer Ihrer Kollegen, ein alter Mann. Der hat gar nicht auf die einzelnen gehört. Er hatte so eine Plattengeschichte dabei, und dann kam das Übliche. Das hat nichts gebracht ...

S versucht ihr darauf zu erklären, daß er seine Aufgabe darin sieht, vor allem zuzuhören. Darauf sagt

P 2: Heute gehen ja viele aus der Kirche heraus. Und Sie können die Jugend auch nicht halten, wenn Sie den Menschen nicht ernst nehmen.

S spricht darauf über die Schwierigkeit seines Berufs, die darin besteht, daß er nicht weiß, ob er bei den Menschen „ankomme". In diesem Augenblick kommt ein Pfleger herein und mißt bei der Patientin den Blutdruck und den Puls. Die Patientin fordert den Seelsorger, der sich anschickt, hinauszugehen, auf, zu bleiben, und der Pfleger unterstützt dies, indem er sagt, es seien ja ganz harmlose Dinge, die er tue.

P 3: Diese Untersuchungen muß ich nun beinahe pausenlos über mich ergehen lassen. Aber was Sie (an den Pfleger gewandt) tun, sind ja ganz friedfertige Handlungen.

S 3: Nicht alles, was Sie hier erleben, erscheint Ihnen friedfertig.

P 4: Nein, durchaus nicht. (Sie erkundigt sich genau nach dem Ergebnis der Messungen) Der Puls bleibt hoch. 20 weniger wäre besser. Damit muß ich jetzt wohl fertigwerden ...

S 4: Sie fragen genau nach dem, was die Untersuchungen bei Ihnen ergeben. Sie als Ärztin werden sich ja ein ganz anderes Bild machen können als jeder andere Patient.

P 5: Ja, das macht es für mich natürlich auch besonders schwierig.

Es folgt jetzt eine detaillierte Krankengeschichte, wobei sie die Schwere der Operation betont: sie war ein „besonderes ärztliches Kunststück ... Meinetwegen mußte die Operation mehrerer anderer Patienten zurückgestellt werden."

S 5: Sie sind von Prof. X operiert worden.

P 6: Ja, von ihm.

S 6: Ich kenne ihn. Das ist doch ein sehr überlegener, ruhiger Mann, sehr sympathisch.

P 7: Das ist er. Er läßt sich durch gar nichts aus der Ruhe bringen. Meine Operation hat sehr viel länger gedauert als vorgesehen. Er macht alles sehr genau.

Eine Schwester kommt herein. Die Patientin sagt gereizt: „Was wollen Sie denn jetzt von mir?" Die Schwester antwortet schnell und schnippisch: „Gar nichts — nur mal sehen, ob alles mit dem Tropf in Ordnung ist." Sie geht nach Prüfung der Apparate rasch wieder hinaus.

Hier fühlen sich die Schwestern gar nicht mehr verantwortlich für den einzelnen Patienten. Sie tun nur, was sie gelernt haben. Wenn ich eine Schwester bitte: ‚Machen Sie mir doch bitte mal die Blumen zurecht', dann sagt sie: ‚Ja, ich hole gleich die Putzfrau.' Aber die kommt dann auch nicht. (Hier fügt sie weitere Beispiele für die verantwortungslose Jugend ein, die nur aufs Geld aus sei.) Ich glaube, daran sind die Gewerkschaften schuld. Sie verderben den jungen Leuten die richtige Einstellung zum Menschen.

S 7: Die jungen Leute haben es sehr schwer, in einem so großen Krankenhaus sich für den einzelnen verantwortlich zu fühlen.

P 8: Ja, man sucht ja immer nach einem Schuldigen. Aber hier wird die Verantwortung immer gleich auf den Computer abgeschoben, wenn etwas nicht funktioniert. Und es funktioniert schlecht. Ich warte schon seit gestern oder seit vorgestern auf ein Medikament, das ich mir verordnet habe. Aber ich habe es bis heute noch nicht.

S 8: Sie haben es immer noch nicht?

P 9: Ich habe es mir inzwischen selbst gekauft. Als Arzt hat man da seine Beziehungen. Aber ich bin doch gespannt, wann es mir gebracht wird. Das muß ja erst alles in den Computer eingegeben werden. Dagegen kommt der beste Arzt nicht an. Der kann auch nichts machen, wenn die übrige Mannschaft nicht mitzieht. Die werden alle von der Technik überfordert.

S 9: Und Sie fühlen sich abhängig von dem ganzen Betrieb.

P 10: Ja, ich bin hier richtig ausgeliefert und kann mich nicht wehren. Ich komme auch so schlecht wieder auf die Beine. Das dauert doch länger als ich dachte.

S 10: Sie stehen aber schon wieder auf ...

P 11: Bis zum Badezimmer komme ich wohl. Aber dann bin ich auch ziemlich erschöpft, wenn ich wieder im Bett bin.

S 11: Sie sind mit dem, was man hier für Sie tut, soweit zufrieden?

P 12: Ja, ärztlicherseits ist alles ausgezeichnet. Aber sonst ist alles entsetzlich.

S 12: Ich möchte Sie auch nicht zu lange durch meinen Besuch anstrengen. Sie brauchen sicher noch Ruhe.

P 13: Sie strengen mich nicht an. Ich habe Ihren Besuch gern. Außerdem bin ich hier viel allein und bekomme wenig Besuch. Ich will das sonst auch gar nicht. Vielleicht später.

S 13: Ich besuche Sie gern bald einmal wieder. (Verabschiedung mit Handschlag.)

Uns interessiert an diesem Gespräch vor allem, wie die Patientin sich in ihrer Situation im Krankenhaus erlebt. Am Anfang provoziert sie den Pfarrer (P 1 und P 2). Sie übt abfällige Kritik an einem seiner Kollegen und fordert ihn dann sogar selbst heraus: „Und Sie können die Jugend auch nicht halten, wenn ..." Sie bringt den Pfarrer damit in einige Bedrängnis. Vorsichtig versucht er, sich von dem kritisierten Kollegen abzusetzen, indem er erklärt, wie er selber seinen Auftrag verstehe. Ebenso vorsichtig gibt er zu, daß auch er Schwierigkeiten mit seinem Beruf habe. Warum provoziert seine Gesprächspartnerin ihn? Was will sie damit erreichen? In der Gesprächsanalyse geht ihm auf, daß in den beiden Voten der Patientin eine parallele Äußerung steht: „Der hat gar nicht auf die einzelnen gehört“ und „wenn Sie den Menschen nicht ernstnehmen“.

Darum scheint es ihr also zu gehen: daß auf den *einzelnen* gehört wird, und daß *der* Mensch ernstgenommen wird. Und da sie dies — im ersten Votum verschlüsselter als im zweiten — *diesem* Seelsorger sagt, der sie jetzt besucht, lautet ihr Anliegen unverhüllt: Bitte, höre du auf *mich* als einzelnen. Ich habe es nötig, daß du *mich* als Menschen ernstnimmst.

An dieser Stelle wird das Gespräch unterbrochen. Ein Pfleger nimmt Routineverrichtungen an der Patientin vor. Die Patientin will nicht, daß der Seelsorger schon geht. Sie hält ihn fest, und der Pfleger unterstützt das. Es sind ja ganz harmlose Dinge, die er da zu tun hat. Der Seelsorger horcht auf, als die Patientin von den „friedfertigen Handlungen“ spricht: „. . . *aber* was Sie (der Pfleger) tun, sind ja ganz friedfertige Handlungen“ (P 3). Treffsicher gibt er der Patientin zu erkennen, was er zwischen ihren Worten gehört hat: „Nicht alles, was Sie hier erleben, erscheint Ihnen friedfertig“ (S 3). Er hat getroffen. Die Patientin erwidert: „Nein, durchaus nicht.“ Dann gibt sie ihre Beunruhigung über den zu hohen Puls zu erkennen: „20 weniger wäre besser“, und im selben Atemzug, daß sie wenig Hoffnung hat, daß sich ihr Zustand noch einmal zum Besseren wendet: „Damit muß ich jetzt wohl fertigwerden“ (P 4).

Der Seelsorger spürt die hinter diesen Worten liegende Angst — er ahnt, daß es hier um mehr geht als nur um den erhöhten Pulsschlag. Was weiß die Patientin von ihrer Krankheit? Aus dieser Unsicherheit im Innern des Pfarrers ist (das geht ihm aber erst in der Gesprächsanalyse auf!) sein nun folgender Gesprächsbeitrag zu verstehen, in dem er verschlüsselt anfragt: weißt du mehr als jeder andere Patient? „Sie als Ärztin werden sich ja ein ganz anderes Bild machen können als jeder andere Patient“ (S 4). In ihrer Antwort gibt ihm die Frau zu erkennen, daß er sich damit ihrem Problem genähert hat: „Ja, das macht es für mich natürlich auch besonders schwierig.“ Sie kommt dann auf den unerwarteten Ausbruch ihrer Krankheit zu sprechen und auf ihre Operation. Auch hier spürt der Pfarrer sehr sensitiv wieder ihre Beunruhigung. Wenn die

3*

Operation ein „besonderes ärztliches Kunststück" war, wenn wegen ihrer Operation andere Patienten zurückgestellt werden mußten — dann (diese Schlußfolgerung wird von ihr nicht ausgesprochen, weil sie so bedrohlich ist) muß es doch wohl eine sehr ernste Sache sein!

Der Pfarrer spürt die Unruhe der Patientin, und er reagiert sogleich darauf — oder reagiert er auf die eigene Unruhe, die dadurch ausgelöst wird? —, indem er beruhigen will. Seine eigene Ratlosigkeit an dieser Stelle wird dadurch deutlich, daß er gleichsam den Professor (!) zur Hilfe herbeiruft, der sie operiert hat: der ist doch (!) ein sehr (!) überlegener und ruhiger (!) Mann. Ihm muß es doch gelingen, die Unruhe der Patientin (und zugleich die Unruhe des Pfarrers) zu beschwichtigen. Die Patientin stimmt zu: Der Professor läßt sich in der Tat durch gar nichts (!) aus der Ruhe bringen. Aber was hilft es mir? *Meine Operation* hat *sehr viel* länger gedauert als vorgesehen. Ob das damit hinreichend erklärt ist, daß er alles so genau macht?

In diesem Augenblick, als die Unsicherheit — trotz des Beschwichtigungsversuchs des Pfarrers — fast an die Oberfläche gekommen ist, betritt eine Schwester das Zimmer. Das löst in der Patientin einen Aggressionsausbruch aus, auf den die Schwester ihrerseits aggressiv reagiert, und der keinesfalls beendet ist, als die Schwester das Zimmer wieder verlassen hat. Dabei geht es, wie der Verlauf des Gesprächs zeigt, gar nicht um diese eine Schwester. Es geht um *die Schwestern.* Es geht um *die Jugend.* Es geht um *die Gewerkschaft.*

Der Pfarrer kann zu diesen unmotivierten Angriffen nicht ganz schweigen. Er nimmt die „jungen Leute" vorsichtig in Schutz (S 7), worauf die Ärztin gleich einlenkt. Sie ahnt selber, daß ihre Angriffe nicht ganz gerechtfertigt sind: „Ja, man sucht ja immer nach einem Schuldigen." Das gleich anschließende „aber" läßt erkennen, daß sie gleichwohl weiter nach einem Schuldigen sucht. Nach dem Schuldigen dafür, daß sie das Medikament, das „sie sich selber verschrieben hat", nicht bekommt. Der Pfarrer fragt nach (S 8), und aus ihrer Antwort wird dann ganz deutlich, daß es ihr dabei gar nicht um *irgendein* Medikament geht, denn das hat sie inzwischen bekommen! Es muß ihr um mehr gehen, um *das* Heilmittel, um *die* Heilung — wo ist der Schuldige, der die Heilung verhindert, so daß selbst „der beste Arzt" nicht dagegen ankommt, dem gegenüber wir alle überfordert sind?

Die Gruppe, in der dies Protokoll besprochen wurde, gebrauchte an dieser Stelle das Bild von dem „Schwarzen Peter", der gesucht wird, der hin- und hergeschoben wird. Schließlich ist's der Computer. Aber — dies ist nun nicht mehr zu übersehen —: auch der Computer ist nur ein Symbol, ein Versuch, das Unfaßbare an irgendeiner Stelle greifbar zu haben. Der „Schwarze Peter", der Schuldige, derjenige, gegen den sie ankämpft, ist der Tod, ist die Ahnung, daß sie sterben wird.

Der Pfarrer hat das in dieser Tiefe nicht verstehen können. Er hört nur das Gefühl der Abhängigkeit *von dem Betrieb* heraus (S 9). Die Patientin aber spricht auch weiterhin von einer viel umfassenderen Abhängigkeit, von ihrem Ausgeliefertsein und ihrer Wehrlosigkeit, ebenso davon, daß sie so schlecht „wieder auf die Beine kommt": „Ja, ich bin hier richtig ausgeliefert und kann mich nicht wehren. Ich komme auch so schlecht wieder auf die Beine . . ." (P 10).

Der Seelsorger hört das wieder auf einer Ebene, die oberhalb derjenigen liegt, auf der sich die Frau befindet. Er entgegnet: „Sie stehen aber schon wieder auf . . ." (S 10) — das muß sie dann auch einräumen; ihr „aber" weist jedoch daraufhin, daß sie sich damit nicht trösten kann (P 11). Der Pfarrer spürt den Widerspruch. Er wird daran erinnert, daß auch der Stationsarzt von dem Widerstand der Patientin gesprochen hatte. Er fühlt sich mit ihm solidarisch. Seine Erkundigung ist zugleich sein Wunsch: er *möchte,* daß die Patientin zufrieden ist: „Sind Sie mit dem, was man hier für Sie tut, soweit zufrieden?" (S 12). Das „soweit" beweist, daß er das, womit sie nicht zufrieden sein kann, gern zurücklassen möchte. Aber diesen Gefallen tut ihm seine Gesprächspartnerin nicht. „Ja, ärztlicherseits ist alles ausgezeichnet. *Aber sonst ist alles entsetzlich.*" Damit sagt sie *alles.* Der Pfarrer berichtet, daß dieser Augenblick auch für ihn entsetzlich war. Er hatte das Gefühl: jetzt könnte das Gespräch anfangen. Aber er selber war am Ende. Er zieht sich zurück. Er argumentiert: „Ich möchte Sie nicht anstrengen. Sie brauchen sicher (!) noch Ruhe." Doch diese Argumentation läßt die Patientin nicht gelten: „Sie strengen mich nicht an" — sie möchte gern, daß er bleibt. Doch der Pfarrer fühlt sich nicht mehr in der Lage, zu bleiben.

Dennoch ist die Patientin in diesem Gespräch ein Stück weitergekommen. Sie sieht ihre Situation ein wenig differenzierter. Sie bemerkt, daß die ärztliche Betreuung nicht der Anlaß ist, daß sie sich so hilflos und ausgeliefert vorkommt. Es ist nur ein kleiner Schritt bis zu dem Punkt, wo sie dem ins Auge sieht, was im Grunde so entsetzlich ist. Aber um dies zu können, braucht sie den Gesprächspartner, braucht sie den Pfarrer. Doch dieser war nicht in der Lage, sie (während dieses Beuschs) auf diesem schweren Schritt zu begleiten.

Der Konflikt mit den Angehörigen

Die Seelsorgerin begegnet auf dem Flur einer operativen Station einer 62jährigen, ihr noch nicht bekannten Patientin. Als die sich zweimal nach der Seelsorgerin umsieht, fällt der ihr Gesicht auf. Es ist von Krankheit und Traurigkeit gezeichnet. Die Seelsorgerin spricht sie an:

S 1: Nun, sind Sie schon wieder ein wenig auf den Beinen?
(Die Patientin sieht die Seelsorgerin fragend an)
Ich bin Pastorin der evangelischen Kirche und bin hier in der Klinik für die Kranken da.

P 1: Ich bin schon drei Wochen hier.

S 2: Schon drei Wochen! Das ist eine lange Zeit!

P 2: Vor vierzehn Tagen, am Montag, war die Operation. Krebs! Das hat mich ein bißchen geschockt.

S 3: Ein bißchen? – Ein *großer* Schock für Sie! Wurden Sie an der Brust operiert oder am Unterleib?

P 3: Unterleib! – Das kam so plötzlich! Im Juli habe ich noch nichts gemerkt. Dann schwoll alles so an. Vier Wochen konnte ich nichts mehr essen. Zwei kindskopfgroße Geschwulste haben sie entfernt. Auf dieser Seite eines (zeigt es mit den Händen), und auf der linken Seite noch eins. Und vorher mußten sie noch sechs Liter Wasser abziehen. Hinterher bekam ich sechzehn Infusionen und vier Blutübertragungen. Aber nun schmeckt mir das Essen wieder. Mein Mann hätte auch nicht geglaubt, daß ich durchkomme. Aber das hängt nicht von uns ab. Das hängt einzig von Dem da oben ab. Der Arzt frug mich auch, ob ich Angst hätte. Ich sagte: Angst habe ich keine! Das steht sowieso nicht in unserer Hand. Das hängt von Dem da oben ab!

S 4: Ja, da haben Sie recht. Und seinen Händen können wir vertrauen.

P 4: Jetzt schmeckt mir das Essen schon wieder. Aber nun sollen noch Bestrahlungen kommen, damit ja nichts zurückbleibt. – Ich bin schon gut vorangekommen bei der guten Betreuung hier. Wenn man bedenkt, wie elend ich war! Das sagt auch mein Mann.

S 5: Haben Sie auch Kinder?

P 5: Ach gehen Sie mir weg damit! Die wollen ja nur immer Geld und sonst nichts. – Was haben wir vom Leben gehabt? Immer nur schwer gearbeitet! Achtundvierzig sind wir gekommen und mußten ganz von vorn anfangen. Die Mädchen waren zwei und vier Jahre alt.

S 6: Das war die schwerste Zeit für Sie!

P 6: Letztes Jahr im September starb meine Mutter. Da hat meine Schwester gesagt: „Die braucht keinen Stein!" Aber ich hab den Stein bezahlt: 800 DM hat er gekostet. „Der kommt dahin!" hab ich gesagt, „und wenn ich täglich noch länger arbeiten muß deswegen." –

Meine Enkelin kam mit einem Sträußchen zu mir, als ich sechzigsten Geburtstag hatte. Zwei Tage später hat mein Mann Geburtstag, und dann sie. Ich hatte ein schönes Geschenk für sie bereitgelegt. Aber inzwischen hatten die sie aufgehetzt. Sie ist gar nicht mehr zum Geburtstag meines Mannes gekommen. Ihr Geschenk liegt da noch heute.

Und für die andere Enkelin hab ich zur Konfirmation 500 Mark geschenkt, extra auf ein Sparbuch. Mein Mann sagt: „Das war dumm." Ich hätte ihr das nicht zur freien Verfügung lassen sollen. Nachmittags saßen wir beim Kaffee, und da sagt der Schwiegersohn: „So geizig brauchtest du auch nicht zu sein. Das hätten doch zehntausend Mark sein können, damit wir unsere Hypothek abzahlen." Da sagte selbst die Schwiegermutter meiner Tochter: „Ist dazu die Konfirmation da?" Mein Mann und ich wollten sofort gehen. Aber wir sind noch bis zum Abendbrot geblieben. Und seitdem sprechen wir nicht mehr miteinander.

Als ich ins Krankenhaus kam, habe ich meinen Mann beschworen: „Sag den Kindern kein Wort, daß ich im Krankenhaus bin!" Und er hat auch nichts gesagt. Meine Nachbarin, die meinen Mann im Auto immer herbringt, *die* fällt mir um den Hals! Die drückt mich mehr, als meine Kinder das tun würden: „Frau X., ich weiß, wie Ihnen zumute ist!"

S 7: Frau X., es tut mir weh, daß Sie und Ihre Kinder so auseinandergekommen sind. Ich merke, wie sehr Sie darunter leiden!

P 7: Ich bin längst damit fertig (lacht maskenhaft grinsend).

S 8: Kann vielleicht Ihre Nachbarin mal mit den Kindern sprechen?

P 8: Das hat gar keinen Zweck! Die wollen ja nicht! Die wollen nur Geld! – Aber jetzt bin ich schon wieder ganz gut zuwege . . .

Das Gespräch wird durch eine Schwester unterbrochen.

Die Seelsorgerin legt dies Gespräch ihrer Gruppe vor. Sie bittet um einen Rat, wie man hier Versöhnung stiften könnte. Sie hätte das Gefühl, viel Zeit sei dafür nicht mehr vorhanden. Und überhaupt stünde sie des öfteren vor ähnlichen Situationen.

Sehen wir uns das Gespräch näher an.

Der Seelsorgerin fällt das gezeichnete und traurige Gesicht einer Patientin auf, die auf dem Flur auf und ab wandelt. Dieser trostlose Gesichtsausdruck veranlaßt sie, die Patientin anzusprechen. Sie tut das zunächst locker und ein wenig unverbindlich; auf dem Flur kann man nicht erwarten, daß es zu einem tiefen Gespräch kommen könnte. Auf den fragenden Blick der Frau holt sie auch sogleich ihre Vorstellung nach, verbunden mit einem Angebot: „Ich bin hier in der Klinik für die Kranken da."

Die Frau nennt ihren Namen nicht. Dafür sagt sie: „Ich bin schon drei Wochen hier." Die Seelsorgerin unterstreicht das „schon": „Schon drei Wochen! Das ist eine lange Zeit!" worauf die Frau ohne zu zögern mitteilt, sie habe vor vierzehn Tagen eine Operation gehabt. „Krebs! Das hat mich schon ein bißchen geschockt!" Die Untertreibung „ein bißchen" läßt die Seelsorgerin nicht stehen. „Ein bißchen? – Ein *großer* Schock für Sie!" – um sich nun (verunsichert durch die Untertreibung der Frau) zu informieren, was für eine Operation das denn gewesen sei. Ebenso kurz wie das Wort „Krebs" platzt nun die Patientin das Wort „Unterleib!" heraus und berichtet ihre Krankheitsgeschichte. Läßt man diesen Bericht auf sich wirken, so fällt die sachliche Aufzählung der Fakten auf, unterstrichen durch mehrfache Zahlenangaben. Zwar klingt das ganze sensationell, aber nach einem Ausdruck eigener Gefühle sucht man vergeblich. „Angst habe ich keine", sagt sie dem Arzt. Lediglich durch die „Vermittlung" ihres Mannes scheint etwas von ihren eigenen Empfindungen durchzuschimmern: „Mein Mann hätte auch (!) nicht geglaubt, daß ich durchkomme." Auch das zweimalige „Das hängt einzig von Dem da oben ab", mit dem sie begründet, warum sie keine Angst hat, klingt merkwürdig kühl und distanziert. Das spürt auch die Seelsorgerin. Sie vermißt irgendwie das Vertrauen in diesen Worten. Deshalb ergänzt sie: „Ja, da haben Sie recht! Und seinen Händen können wir vertrauen" (S 4). Die Patientin reagiert darauf nicht! Sie fährt fort: „Jetzt schmeckt mir das Essen schon wieder", um sogleich auch die „andere Seite" zu nennen: „*Aber* nun sollen noch Bestrahlungen kommen, damit ja nichts zurückbleibt." Und wieder die positive Seite: „Ich bin schon gut vorangekommen bei der guten Betreuung hier. Wenn man bedenkt, wie elend ich war." Aber weil sie sich mit dieser Aussage auf unsicherem Boden befindet, muß sie diese durch ihren Mann bestätigen lassen: „Das sagt auch mein Mann" (P 4).

Die Seelsorgerin geht darauf nicht weiter ein. Sie schlägt ein anderes Thema an. Die Frau hat mehrfach ihren Mann genannt. „Haben Sie auch Kinder?" (S 5)

Damit löst sie einen heftigen und langandauernden Aggressionsausbruch bei der Frau aus. „Ach, gehen Sie mir weg damit!" Dann wird die eigene Schwester angeklagt. Anschließend berichtet sie, wie man die Enkelin gegen sie aufgehetzt hat. Und dann der Eklat auf der Konfirmation der anderen Enkelin. Sie hat ihren Mann beschworen, den Kindern ja kein Wort von ihrem Krankenhausaufenthalt zu sagen (P 6). Die Situation ist vollkommen verfahren. Die Frau tut der Seelsorgerin sehr leid. Was kann sie für sie tun? Die Abwehr gegenüber dem Mitleid und dem Hilfsangebot der Seelsorgerin ist von gleicher Härte wie der Anfang: „Ach, gehen Sie mir weg damit!"

Das ist das eigentlich Merkwürdige an diesem Gesprächsabschnitt. Daß die Frau über die Haltung ihrer Kinder klagt, daß sie sich bei der Seelsorgerin beklagt — das wäre verständlich. Auch daß sie auf ein Hilfsangebot der Seelsorgerin skeptisch und resigniert reagiert: „Ich hab es schon so oft versucht ...", wäre einfühlbar. Das Problem liegt in der Unversöhnlichkeit der Patientin, die sich auch gegen die Seelsorgerin richtet, als diese daran rührt. Können wir versuchen, etwas davon zu verstehen?

Zunächst fällt auf, daß bei dem Konflikt das Geld eine große Rolle spielt. Gleich zu Anfang und am Schluß heißt es fast gleichlautend: „Die wollen ja nur immer Geld und sonst nichts“ (P 5 und P 8). Auch der Streit bei der Konfirmation dreht sich darum. Aber sogar der Grabstein für die eigene Mutter wird wegen der Kosten zum Streitobjekt! Im letzten Fall ist es die eigene Schwester (und also nicht die Kinder), gegen die sich der Vorwurf richtet.

Was spielt sich da ab? — Bei der Geschichte mit dem Grabstein der Mutter, um den sie kämpft („und wenn ich täglich noch länger arbeiten muß deswegen“) liegt die Vermutung nahe, daß diese Begebenheit für die Frau *auch* eine Gegenwartsbedeutung hat, die mit ihrer eigenen Situation zusammenhängt. Es geht weniger um den Konflikt mit der Schwester als um ihr eigenes Engagement! Wie ungezählte Parallelen beweisen, sprechen Menschen, deren Lebenserwartung rasch abnimmt, sehr häufig vom Sterben ihrer Eltern oder anderer Angehöriger und von Begräbnissen anderer. Sie verarbeiten damit (ihnen selber kaum bewußt) ihr eigenes, unmittelbar bevorstehendes Geschick. Dann geht es auch dieser Frau (unbewußt) um den eigenen Grabstein und um die Furcht, er könnte zu viel kosten!

Irritierend aber bleibt dennoch ihr starkes Fixiertsein auf das Geld. Sehen wir uns den Kontext an, in dem die beiden (fast) parallelen Sätze am Anfang und am Schluß des Gesprächs stehen. „Die wollen ja nur immer Geld und sonst nichts. Was haben wir (habe ich) vom Leben gehabt?“ „Die wollen nur Geld! Aber jetzt bin ich schon wieder ganz gut zuwege.“ In dem ersten Satz steht die Forderung des Geldes in einem merkwürdigen Zusammenhang mit ihrem Leben, in dem sie sich zu kurz gekommen fühlt. In der zweiten Äußerung läßt der Zusammenhang ebenfalls aufmerken. Ohne Schwierigkeiten ließe sich für das Wort „Geld“ — „Leben“ einsetzen! „Die wollen nur mein Leben. Aber jetzt bin ich schon wieder ganz gut zuwege.“ Diese Beobachtung läßt vermuten, daß es sich auch hier primär nicht um einen Konflikt mit den Kindern handelt, sondern um die Krise, in der die Frau im Augenblick selber steht. Es geht um das Leben selbst, das ihr genommen werden soll.

Zum Verständnis dieser „Symbolsprache“, deren tieferer Sinn der Frau natürlich nicht hell bewußt ist, hilft uns die Einsicht der Tiefenpsychologie, daß der schwierige Lernprozeß, zu nehmen *und loszulassen,* intensiv in dem Alter beginnt, in dem das Kind zur Sauberkeit erzogen wird. Es muß lernen, das, was es „be-sitzt", fortzugeben. Der Kot ist braun. Später tritt an seine Stelle das „Gold" (jeder kennt das Märchen mit dem Esel, der sich streckt und Gold fallenläßt) und das Geld. In den Tiefen unserer Seele ist aber das Wissen darum aufgehoben, daß es im Grunde nicht um „etwas" geht, das man loslassen können muß, sondern um einen Teil von sich selbst. Ja, es geht um das Sich-selbst-loslassen-Können. Dies verborgene Wissen drückt sich sprachlich in der Sorge vor Inflation, Geldverknappung und Geldverlust aus. Es ist also weder ein Zufall, noch ist es ein Zeichen von unverbesserlichem Materialismus, wenn Menschen, die ahnen, daß sie sich selber bald werden „loslassen" müssen, überraschend häufig vom Geld reden.

Damit ist nicht geleugnet, daß nicht auch tatsächlich ein Konflikt zwischen Mutter und Kindern vorhanden sein kann, und daß es Äußerungen und Handlungen gegeben hat, die erkennen lassen, daß die Kinder hinter dem Geld der Mutter her sind. Es ist sogar wahrscheinlich. Die Frau macht nämlich nicht den Eindruck, als ob sie Gelegenheit gehabt hätte, das „Loslassenkönnen" besonders gut zu lernen. (Sie hat es nicht fertiggebracht, der Enkelin ihr Geburtstagsgeschenk zu *bringen!* Es liegt noch jetzt bei ihr zu Hause.) Dann ist anzunehmen, daß sie sich zu einem guten Teil auch ihren Kindern vorenthalten hat — so wie sie sich auch jetzt, in dieser so kritischen Situation ihren Kindern vorenthält (sie hat dem Mann verboten, den Kindern Bescheid zu sagen). Dann wäre ein elementares Bedürfnis der Kinder ungestillt geblieben: nämlich die Zuwendung ihrer Mutter. Und dies Bedürfnis könnte durchaus „symbolisch" in dem aggressiven Wunsch zum Ausdruck kommen, das Geld der Mutter zu besitzen. Dies aber muß bei der Frau in ihrer augenblicklichen Situation Todesängste auslösen. Sie hat Angst, daß auch sie die Zuwendung ihrer Kinder verloren hat, so daß diese den Grabstein nicht „bezahlen", auf dem *ihr* Name steht. (Daß es diesen Konflikt bereits in der Beziehung zu der eigenen Mutter gab — wenn auch von ihrer Schwester ausgetragen —, deutet daraufhin, daß er von Mutter zu den Kindern weitergetragen wird.)

Der Seelsorgerin war diese Deutung einsichtig. Sie erlebte die Frau nämlich auch so, daß diese ihr die eigenen Gefühle (und damit sich selbst) vorenthielt. Angst „hat sie nicht". Auf Vertrauen spricht sie nicht an. Nur an einer Stelle bricht ihr Bedürfnis (das sie sich im Blick auf die Nachbarin, nicht aber hinsichtlich der Kinder eingestehen kann) durch: „. . . die fällt mir um den Hals! Die drückt mich mehr, als meine Kinder das tun würden! (Die sagt:) Frau X (hier nennt sie zum ersten Male ihren eigenen Namen!), ich weiß, wie Ihnen zumute ist!"

Der Seelsorgerin wurde durch diese Gesprächsanalyse deutlich, daß ihre Versuche, Versöhnung zwischen der Mutter und ihren Kindern zu stiften, so lange vergeblich sein würden, als sie ihr nicht zur „Nachbarin" wird; das heißt, als sie nicht versteht, „wie ihr zumute ist", ihr dies auch zu verstehen gibt und ihr damit hilft, sich selber besser zu verstehen.

Sie sollte dazu allerdings keine Gelegenheit mehr bekommen. Als sie die Patientin am nächsten Tag wieder besuchen will, ist diese entlassen.

Zeichensprache des Unbewußten

Das folgende Protokoll wurde nach einem Besuch des Krankenhauspfarrers bei einem etwa 70jährigen Mann in einem Einzelzimmer aufgezeichnet. Der Mann ist Rentner und war früher Landwirt. Er ist an Krebs erkrankt. Während einer Abendmahlsfeier im Krankenhaus hatten der Pfarrer und der Patient wenige Tage zuvor einander kennengelernt und sich kurz vorgestellt. Als der Seelsorger das Zimmer betreten will, kommt ihm der Patient an der Tür entgegen.

S 1: Haben Sie gerade etwas vor, wobei ich Sie störe, oder ...

P 1: (nach kurzem Besinnen): Nein, bitte ... (geht wieder ins Zimmer zu seinem Sessel am Fenster zurück) Ja, Herr Pastor, ich habe jetzt auch Besuch bekommen von meinem Pastor, Pastor X aus Y. Er sagte, er kennt Sie. Sind Sie auch einmal in Y gewesen?

S 2: Nein — nicht einmal vertretungsweise.

P 2: Ja, er kennt Sie aber. Er sagte, das wäre ein jüngerer.

S 3: Vielen Dank! Ich bin immerhin Mitte vierzig!

P 3: So. — Ich bin gerade dabei, mich auf meine Rede für die Hochzeit meines Sohnes vorzubereiten. Sie können mir dabei helfen, vielleicht. Darf ich Ihnen vorlesen?

S 4: (macht eine einladende Geste mit den Händen) Ja — bitte.

P 4: „Liebe Hochzeitsgäste. Wir denken zuerst an die, die diesen Festtag verursacht haben und sehen in die strahlenden Augen des Hochzeitspaares. Verursacht haben diesen Tag aber auch die Eltern der beiden, ohne die es jetzt dieses Fest nicht gäbe." — Finden Sie das richtig, daß man das sagen soll?

S 5: So, wie Sie das jetzt vorlesen, wird man das sicher gern hören.

P 5: „Früher, da habe ich immer gedacht: wenn auch der Betriebsleiter dabei draufgeht — wenn nur der Hof Bestand hat. Seit meiner Krankheit denke ich anders, denke ich nicht mehr so.

Wer Dag för Dag sin Arbeit deit
un dabei seinen Mann ook steit,
und macht das gut un deit das geern,
der darf sich ook mal umtlseern."

S 6: Sie würden also Ihrem Sohn nicht unbedingt raten, es so zu machen, wie Sie es getan haben?

P 6: Heute ist das ja nicht mehr so mit der Arbeit wie früher – schon wegen der Maschinen (beschreibt die Traktoren, die er nacheinander gehabt hat). Bei meinem Vater war das noch strenger mit dem Arbeiten ... Mein Bruder hat sich ja sehr gewundert, daß er nicht den Hof gekriegt hat. Soll ich Ihnen mal eine Luftaufnahme von unserm Hof zeigen?

S 7: (mag dazu nicht recht etwas sagen: vielleicht wird P ja das Aufstehen mühsam)

P 7: (geht zum Schrank und holt ein Farbfoto, ein Luftbild seines Gehöftes) Sehen Sie – man sieht hier gar nicht so richtig drauf, wie groß das Wohnhaus ist, dreizehn mal dreizehn Meter. Da sind die Ställe, dort sind zwei Werkswohnungen.

S 8: ... und die Dächer sind alle bestens in Schuß.

P 8: Ja, das hat mein Vater alles geschaffen ...
Meine Tochter, die mit einem ... verheiratet ist, der stammt aus X herum, die hat mich gefragt: was hast du eigentlich geleistet.

S 9: Wie mag sie auf diese Frage kommen?

S 9: (spricht davon, wie bei ihr vieles anders wäre) Die erzieht auch ihre Kinder anau-, antiautoritär. Und die sagen dann zu mir auch, Mutti hat gesagt, wir brauchen uns vom Opa nichts sagen zu lassen ... Das habe ich Ihnen ja erzählt, daß mein Arm (zeigt auf den linken Oberarm) ja kaputt ist, deswegen war ich ja schon mal hier. Und so habe ich denn meinen rechten Arm überanstrengt. Mit der linken kann ich fast gar nichts mehr machen. Aber ich konnte ja die Ställe auch nicht leerstehen lassen. Ich mußte ja als Kaufmann denken. – Ich sage immer, das (zeigt die Innenseite der linken Hand) ist meine Pastorenhand, und das (kehrt dem S die Innenseite der Rechten zu) ist meine Bauernhand.

S 10: (bemüht, lächelnd und nicht gekränkt zu sprechen) Denkt man auch bei Ihnen so, daß Arbeit nur das ist, was man mit den Händen tut?

P 10: (gibt keine direkte Antwort, erzählt verschiedenes von der Arbeit auf dem Hof, spricht dann davon, wie schwer ihm der Abschied von den Pferden geworden ist) Ja, und das letzte Pferd habe ich dann auch noch weggegeben. Der Hans war 25 Jahre alt. Der wollte nicht in den Wagen. Und dann habe ich ihn an der Mähne gestreichelt und zu ihm gesagt: „Du kommst in den Pferdehimmel, da hast Du's gut." Bei Rindern und Schweinen, da wird einem das ja nicht schwer, aber bei Pferden und Hunden, da ist das etwas anderes. — Jetzt wollten sie ja auch in Deutschland Stierkampf machen, aber der ...

S 11: ... Tierschutzverein?

P 11: Ja, der Tierschutzverein ist auch dagegengewesen und damit denn auch durchgekommen. Das ist ja auch eine Tierquälerei. Da werden die Nervenstränge auf dem Rücken getroffen, die liegen ja auch da, wo sie bei uns liegen (faßt sich mit der Hand auf den Rücken).

S 12: Sie waren in Y, wie Sie (bei der ersten Begegnung) erzählten, längere Zeit im Kirchenvorstand. So etwas macht man mit aus Tradition, aber sicher doch auch, weil man glaubt, daß die Kirche nun einmal ins Dorf gehört.

P 12: Ich bin gegen Ende des Krieges eingezogen worden und bin nach Z (großes Gefangenenlager) gekommen. Wir haben da eine Kirchenbaracke gebaut für zwölfhundert Menschen, die konnten wenigstens alle drin stehen. Weihnachten 1945 ...

S 13: Also nach Kriegsende —

P 13: Ich muß überlegen — wann war das — ja klar, nach dem Krieg. Da waren fünf Pastoren, und ich war Obmann geworden, ich sollte auch Namen aufschreiben von denen, die wieder in die Kirche eintreten wollten ... Und dann haben wir eine Abendmahlsfeier gehalten ... (erzählt dann von den Schrecknissen des Gefangenenlagers).

Es klopft. Herein treten Tochter, Schwiegersohn und vier Enkelkinder.

S 14: Herr A, ich besuche Sie mal wieder, ich habe es ja nicht weit bis zu Ihnen.

P 14: Hm. Und meinen Sie, daß ich das so sagen kann in meiner Ansprache?

S 15: Ich habe selbst mit Reden zu tun und bin kritisch gegen fremde und eigene Reden — ich finde, da ist nichts drin, was nicht am Platze wäre.

P 15: Na ja, der X-berger Humor kommt bei mir immer wieder durch.

S 16: Wie könnten Sie auch einen rheinischen oder Schweizer Humor haben! Auf Wiedersehn!

Seelsorger und Patient begegnen einander an der Tür. Der Patient wollte sein Zimmer gerade verlassen. Aber er stellt — nach kurzem Besinnen — sein Vorhaben zurück und bittet den Seelsorger ins Zimmer. Das erste, was er dann erzählt, ist, daß er von *seinem* Pastor Besuch bekommen habe. Dieser Pastor kenne den Seelsorger. Ob der Seelsorger vielleicht den Ort kennt, aus dem der Patient kommt? Nein, sagt der Seelsorger, er sei nicht einmal vertretungsweise dort gewesen. Der Patient ist damit offenbar nicht zufrieden. In seinem nächsten Satz steht ein betontes „aber": „Ja, er kennt Sie aber. Er sagt, das wäre ein jüngerer" (P 2). Der Seelsorger ist ein wenig hilflos. Er faßt dies als eine Art Kompliment auf, das er zugleich zurückweist: „Vielen Dank! Ich bin immerhin Mitte vierzig!"

Was soll diese merkwürdige (übrigens gar nicht so selten vorkommende) Einleitung des Gesprächs? Offenbar liegt dem Patienten daran, daß *sein* Pastor und der Krankenhauspfarrer einander kennen. Er ist nicht zufrieden, als es nicht gelingt, eine beiderseitige Verbindung zustandezubringen. Wenn ihm so daran gelegen ist, eine Verbindung zwischen *seinem* Pastor und diesem Pfarrer herzustellen, dann bringt er damit sein Bedürfnis zum Ausdruck: Dieser Pfarrer möchte hier und jetzt *sein* Pastor sein. Das hat der Seelsorger nicht verstanden. Oder hat er es doch irgendwo gespürt, daß der Patient seine Nähe sucht? Es fällt jedenfalls auf, daß er ein wenig distanziert auf den Patienten reagiert: „nicht einmal vertretungsweise" war er in dem Ort und in der Kirche des Patienten. Und das „Kompliment" weist er dankend zurück.

„So", sagt der Patient. Damit schließt er diese für ihn unbefriedigend gebliebene Einleitung des Gesprächs ab. Aber er hat ein Anliegen, und das ist so dringend, daß er es nun doch dem Seelsorger vorträgt. Er möchte, daß der Pfarrer ihm bei der Vorbereitung seiner Festrede für die bevorstehende Hochzeit seines Sohnes hilft. „Sie können mir dabei helfen — *vielleicht*" — so setzt er ein klein wenig zweifelnd hinzu. Denn der Seelsorger wollte ja nicht *sein* Pastor werden! Er fragt, ob er den Text der Rede vorlesen dürfe, und der Seelsorger macht eine einladende Geste. Er findet es ein etwas sonderbares Ansinnen, daß er bei der Abfassung einer Tischrede helfen soll. Aber der Text der Rede steht schon auf dem Papier. Anrede an die Gäste.

Hinwendung zu den „strahlenden Augen des Hochzeitspaares“, die diesen Festtag „verursacht“ haben. „Verursacht haben diesen Tag aber auch die Eltern der beiden, ohne die es jetzt dieses Fest nicht gäbe.“ Hier unterbricht der Mann die Rede und fragt den Seelsorger: „Finden Sie das richtig, daß man das sagen soll?“ Er möchte das Urteil des Pfarrers. Er muß sich seiner Sache nicht so sicher sein. Wo steckt seine Unsicherheit? Hören wir etwas genauer hin, dann entdecken wir, daß der letzte vorgelesene Satz durch das „aber auch“ ein besonderes Gewicht hat: „Verursacht haben diesen Tag *aber auch* die Eltern der beiden, ohne die es jetzt dieses Fest nicht gäbe.“ Warum muß der Mann dies so betonen? Zu den Eltern gehört ja auch er! Er sagt: *Ohne mich* gäbe es jetzt dieses Fest nicht. Ich spiele eine entscheidende Rolle. Ich bin nicht überflüssig. Ich habe eine Funktion! Das muß er betonen. An dieser Stelle ist er unsicher; er bittet um das Urteil seines Pastors: „Finden Sie das richtig, daß man das sagen soll?“

Der Seelsorger findet nichts dabei. Er versteht die Frage nicht, jedenfalls nicht so, wie sie gemeint ist. Die Fortsetzung der Rede zeigt nun vollends, daß der Mann sehr stark mit sich selber beschäftigt ist. Er spricht nur noch über sich. Die Rede, die er ausarbeitet, ist an ihn selbst gerichtet. Er redet davon, daß in ihm im Zusammenhang mit seiner Krankheit ein Wandel vorgeht. Früher war es ihm egal, ob der Betriebsleiter „draufgeht“. Die Hauptsache war der Bestand des Hofes. *Jetzt* ist ihm das nicht mehr egal, ob der Betriebsleiter — das ist ja er selbst! — „draufgeht“! Er stellt die Maxime seines Lebens in Frage. Sie lautete offenbar so, wie sie (rückblickend) über unzähligen Todesanzeigen als Maxime steht: „Nur Arbeit war dein Leben, du dachtest nie an dich . . .“ Der Mann zitiert (in seiner Hochzeitsrede!) einen Vers, der dem genau widerspricht: „Wer Dag för Dag sin Arbeit deit . . . der darf sich ook mal amüseern“, der darf auch einmal an sich denken!

Der Seelsorger versteht nicht, wie sehr es dem Mann in dieser Rede um ihn selbst geht, wie sehr er damit beschäftigt ist, Bilanz zu ziehen. Er denkt, daß der Vater hier seinem Sohn einen guten Rat geben will (freilich den Rat, es anders zu machen als er selbst)! Der Patient geht nur kurz darauf ein: heute sei es ja nicht mehr so wie früher, — um dann wieder über sich selber zu reden, über *seinen* strengen Vater, über seinen Bruder, dem der Hof eigentlich zugestanden hätte (vielleicht war er dem Vater nicht arbeitsam genug?). Dann hat er das Bedürfnis, dem Pfarrer seinen Hof zu zeigen. Er holt eine Luftaufnahme. Aber von oben sieht alles so klein aus, nicht recht greifbar: der Mann gibt die genauen Maße des Wohnhauses an. Es ist *doch* größer als es von oben, aus der Distanz, zu erkennen ist. Der Seelsorger sieht nur Dächer, aber er möchte dem Bauer etwas Anerkennendes sagen: „Die Dächer sind alle bestens in Schuß" (S 8), du kannst auf deinen Hof stolz sein. Worauf der Bauer sagt: „Ja, das hat mein Vater alles geschaffen . . ." mit anderen Worten: ich habe kein Recht, stolz darauf zu sein. Gleich darauf sagt er es unverhüllter: Seine Tochter hat ihn gefragt: „Was hast du eigentlich geleistet?" Es steht nunmehr außer Zweifel, daß die Frage seiner Tochter *seine eigene* Frage ist. Damit setzt er sich auseinander (im buchstäblichen Sinn: auseinander-setzen) — darum legt er sie seiner Tochter in den Mund. Was habe ich, wenn ich mein Leben überschaue, geleistet (obgleich ich doch so viel gearbeitet habe)? Eng damit zusammen hängt die Frage nach dem eigenen Wert. Wieder ist's vordergründig die Tochter, die sagt, daß er nichts mehr taugt, daß er nichts mehr zu sagen habe. In Wirklichkeit nagt der Zweifel in ihm selber. Das hat der Seelsorger nicht begriffen: „Wie mag sie (die Tochter) auf diese Frage kommen?" (S 9). Er berichtet in der Gesprächsanalyse, daß er sich an dieser Stelle in einer Zwickmühle befunden habe: Also hat er das Bedrohliche der Frage sehr wohl *gespürt*. Aber weil er sie nicht verstand als die Frage des Patienten selber, darum konnte er mit seinem Gefühl nicht umgehen.

Unversehens kommt der Patient auf seine beiden Arme und Hände zu sprechen. Der rechte Arm ist überanstrengt. Er hat für zwei Arme schaffen müssen. Und mit der linken Hand kann er fast gar nichts mehr machen. Er zeigt die (von Schwielen freie) Innenseite der linken Hand: das ist seine „Pastorenhand". Die rechte ist die „Bauernhand".

Der Seelsorger ist ein wenig gekränkt. Er meint, daß der Bauer damit seine, des Geistesarbeiters Arbeit herabsetzt. Er antwortet dann auch etwas pikiert (S 10). Was aber wollte der Patient damit sagen? Es deutet doch alles darauf hin, daß er auch hier mehr über sich selber spricht als über andere, also auch als über die Pastoren! Er spricht von *seinen* eigenen beiden Händen, und er zeigt dem Seelsorger die *Innenseite* seiner Hände. Wir ahnen, daß er von zwei Seiten in sich selber spricht. Die eine Seite — die Bauernhand — ist überanstrengt. Sie versagt ihren Dienst. Sie hat Funktion und Sinn verloren. Davon spricht er bereits in seiner Hochzeitsansprache. Aber vielleicht hat die andere Seite, die Hand *ohne* Schwielen, einen Sinn? Ein Pastor braucht ja auch keine Schwielen, und dennoch hat seine Hand Sinn und Recht. *Diese* Seite entdeckt der Patient in sich. Auch davon sprach er — wenn auch verdeckt — bereits in seiner Rede. Gibt es — so hofft er — so etwas wie eine Rechtfertigung *ohne* Werke? In dieser Richtung werden wir den Sinn seiner Worte zu suchen haben.

Auf die pikierte Frage des Seelsorgers (S 10) gibt er keine Antwort, vielmehr kommt er auf seinen Hof zu sprechen. Und auf den Abschied von den Pferden. Er berichtet, wie er sein letztes Pferd weggegeben hat, den Hans. Der wollte nicht in den Wagen. „Und dann habe ich ihn an der Mähne gestreichelt und zu ihm gesagt: Du kommst in den Pferdehimmel, da hast du's gut" (P 10). Hört man diese Worte im Zusammenhang des ganzen Gesprächs, in dem der Bauer zu erkennen gibt, daß *er* sich abgeschoben, zu nichts mehr nutze fühlt, dann ahnen wir, daß er sich nicht nur auf der Seite dessen empfindet, der das Pferd weggibt, sondern ebenso auf der Seite des Pferdes selbst. Er identifiziert sich mit seinem Pferd. *Er* will nicht in den Wagen. Und *er* spricht sich selber gut zu. Unversehens kommt er auf den Stierkampf zu sprechen. Er empfindet das als „Tierquälerei". Die Nervenstränge der Stiere liegen da, „wo sie bei uns liegen" (er faßt sich mit der Hand auf den Rücken). Später erfährt der Seelsorger, daß dort bei ihm der Krebs frißt.

Was der Bauer hier von sich selber sagt, ist ihm selber nicht bewußt. Hier spricht sein Unbewußtes mehr als sein Bewußtsein. Als Bauer lebt er noch nicht in unserer zivilisierten Distanz zur Tierwelt. Aus ihm spricht „das ängstliche Harren der Kreatur" (Röm. 8, 19).

Der Seelsorger konnte das nicht verstehen. Er möchte dem Gespräch eine andere Wendung geben. Er sagte selber in der

Analyse des Gesprächs: „Ich habe — ein wenig leger — einen Hechtsprung in die Frömmigkeit versucht." Er tut dies auf dem Umweg über sein Kirchenvorsteheramt. „So etwas macht man mit aus Tradition, aber sicher doch auch, weil man glaubt, daß die Kirche nun einmal ins Dorf gehört" (S 12).

Der Patient geht darauf ein, allerdings auf eine unerwartete Art und Weise. Er erzählt von einer Kirchenbaracke, die er selber in einem Gefangenenlager mitgebaut hat. Der Seelsorger erfragt den genauen Zeitpunkt — da muß der Mann erst einmal überlegen — „wann war das", weil es ihm nämlich gar nicht um einen Bericht aus seiner *Vergangenheit* zu tun ist, sondern weil er etwas, was für ihn hier und jetzt wichtig ist, zum Ausdruck bringen möchte. Es geht ihm nicht um historische Reminiszenzen, sondern um seine augenblickliche Befindlichkeit. Er sieht sich als Gefangener, als Besiegter, eine Kirche bauen. Da ist seine „Pastorenhand" wirksam, ebenso wie beim Aufschreiben der Namen derer, die in die Kirche eintreten wollten. Und das Abendmahl ist ihm wichtig (wenige Tage zuvor hatte er an einer Abendmahlsfeier in dem Krankenhaus teilgenommen), und dies an dem Ort, der von Stacheldraht umgeben ist, wo er nichts gilt, abgeschnitten von der Außenwelt, von dem „Lande der Lebendigen".

Es klopft. Besuch kommt. Der Seelsorger verabschiedet sich. Noch einmal stellt der Patient die dringende Frage: „Und meinen Sie, daß ich das so sagen kann in meiner Ansprache?" (P 14). Der Seelsorger sagt, daß die Ansprache jedenfalls *seiner* Kritik standhalten könnte. „Na ja", sagt der Mann. Und mit dem Hinweis auf seinen Humor versucht er, seiner Anfrage die Schwere zu nehmen.

Für den Seelsorger war es sehr wichtig, daß er in der Analyse dieses Gesprächs den Patienten besser zu verstehen lernte. Denn der war nach diesem Gespräch noch keinesfalls mit seiner Rede fertig. In einem späteren Gespräch bat er den Seelsorger, ihm nun noch beim „Schluß der Ansprache" zu helfen.

Die Wahrheit am Krankenbett

Das folgende sind Protokolle einer Gesprächsreihe mit einem Patienten. Der Seelsorger hat diese Protokolle nacheinander der Gruppe vorgelegt oder sie mit seinem Supervisor besprochen. Er brauchte für die sehr schwierige Begleitung des Patienten seinerseits ein Stück Begleitung und ist im Rückblick der Überzeugung, daß es ihm nur dadurch möglich gewesen sei, den Kontakt durchzuhalten.

Es handelt sich um einen 33jährigen Mann in einem 2-Bett-Zimmer. Beim ersten Kennenlernen macht er auf den Seelsorger einen „recht munteren" Eindruck, so daß dieser sich vor allem seinem Bettnachbar zuwendet. Doch nach einiger Zeit schaltet sich der Patient in das Gespräch ein, und der Seelsorger erfährt von ihm, daß er einen künstlichen Darmausgang habe und schwer daran trägt: „Ich kann jetzt wohl nie mehr heiraten." Der Seelsorger spürt den Hilferuf und nimmt sich vor, ihn erneut zu besuchen und sich dabei viel Zeit zu nehmen.

Der zweite Besuch findet am Abend statt. Der Seelsorger hat sich zuvor einige Informationen bei der Stationsschwester geholt: Der Patient ist unheilbar krank.

Das 2. Gespräch

Der Seelsorger betritt das Zimmer, begrüßt die beiden Männer und setzt sich an das Bett von P.

P 1: So spät sind Sie noch unterwegs?

S 1: Jetzt am Abend ist es ruhig auf der Station. Und ich habe mir gedacht, wir könnten unser Gespräch von neulich fortsetzen. Ich habe heute abend viel Zeit.

P 2: Schön. – Gestern abend habe ich an Sie gedacht. Aber zu einem Gespräch wäre ich nicht besonders aufgelegt gewesen, jedenfalls am Tage nicht. Ich hatte wieder Fieber. (Pause)

S 2: Es ging Ihnen nicht so gut wie vor drei Tagen, als ich hier war.

P 3: Ich bin im Augenblick so unruhig. Vor allem nachts. Gestern hielt ich es im Bett einfach nicht mehr aus. Da bin ich nachts aufgestanden und bin im Flur auf und abgegangen.

S 3: Die Gedanken lassen Sie nicht schlafen.

P 4: Es ist schrecklich! (Lange Pause)
Ich werde damit (zeigt auf den Bauch) nicht fertig. Und darum hätte ich Sie gestern nacht gern gesprochen. Aber wie sollte ich Sie erreichen?

S 4: (schweigt. Er überlegt, wie es zu bewerkstelligen gewesen wäre — er ist Kursteilnehmer —, ihn nachts zu rufen)

P 5: Das muß weg (zeigt auf den Bauch)! Damit kann ich nicht leben!

S 5: Der Seitenausgang ist Ihr großer Kummer.

P 6: Damit bin ich zu nichts mehr tauglich. Bei der Arbeit behindert. Schwimmen fällt ganz flach. (Pause) Es ist schön, zu schwimmen! Man ist so leicht im Wasser, so beweglich. (Längere Pause) Das habe ich Ihnen schon gesagt: Ich bin noch ledig. An diesem Punkt kann ich mir nun gar keine Hoffnungen mehr machen. Welche Frau nimmt auch einen Mann, der so etwas trägt (den Beutel). Ich kann das sogar verstehen. Mir wäre es auch zu unästhetisch (er schüttelt sich förmlich).

S 6: Ihr Bauch ist Ihnen so richtig zuwider.

P 7: (nickt, ist sehr niedergeschlagen) Den Geruch wird man überhaupt nicht mehr los (hält seine Nase unter die Decke und schnuppert). Der Gestank sitzt einem so richtig in der Nase.

S 7: (sieht P längere Zeit wortlos an; nickt zustimmend.)

P 8: Ich muß wissen, was wird! Ich muß wissen, wann der Darmausgang wieder nach unten verlegt werden kann. Ich brauche die Gewißheit, um durchhalten zu können!

S 8: Sie sagen das so heftig, fast verbissen.

P 9: Ich will mich absichern. Ich habe immer versucht, mich abzusichern. Das mußte ich tun. Ich habe mich *immer* gewehrt, mich ab-ge-sichert (sehr nachdrücklich). (Pause)

S 9: (horcht auf und wartet gespannt)

P 10: Ich bin schon immer getreten worden. Kam von einem Kinderheim ins andere ... (Es folgt eine lange Erzählung seines Lebens mit dem Grundtenor: ich bin von allen — vom Leben selbst — benachteiligt und herumgestoßen worden. Damit begründet er auch, daß er das Risiko einer Ehe nicht hat eingehen wollen.)

S 10: Ich glaube, Sie sehen zu sehr die negativen Seiten der Ehe.

P 11: Ja, das glaube ich auch. (Pause) Ich war wohl zu vorsichtig, nicht? – Wenn ich verheiratet wäre, dann sähe jetzt vieles besser aus. Ich hätte jemanden ... (bricht ab). (Pause)

S 11: Sie kommen ein wenig zu kurz – in Ihrem Leben.

P 12: Ja. (fängt an zu weinen.) (Lange Pause)
Damit (zeigt auf seinen Bauch) kann ich nicht leben. Was wäre das auch für ein Leben? Das muß weg! (heftig). Auf jeden Fall. Ich sehe keine andere Möglichkeit. Und darum muß ich wissen, ob eine Verlegung des Darmausgangs möglich ist. – Sie muß möglich sein! (Pause)
Sonst mache ich Schluß. Ich mache meinem Leben ein Ende. Glauben Sie das?

S 12: (betroffen von dem Ernst, mit dem P diese Worte ausspricht) So bedrängend ausweglos sehen Sie Ihre Lage.

P 13: Schrecklich! – Und darum brauche ich möglichst bald Gewißheit. Ich muß wissen, was wird. Ich lasse mich nicht mit Ausflüchten abspeisen. Die Ärzte sagen mir nicht die Wahrheit, das merke ich!
(Sieht S an) Wissen Sie, ich habe ja keine näheren Angehörigen – meine Pflegemutter ist zu alt –; ob Sie – ich meine, ob Sie mal mit dem Arzt sprechen könnten? Ihnen wird er die Wahrheit sagen.

S 13: Grundsätzlich tue ich das nicht. Ich weiß nicht, ob Sie mich verstehen. Wenn ich den medizinischen Befund nicht weiß, kann ich dem Patienten viel offener begegnen.

P 14: Hm – Sie sind dann nicht so belastet. (Pause)
Aber ich in meiner Lage sehe sonst keinen Ausweg. Ich brauche Gewißheit (fast flehentlich).

S 14: Ich will es für Sie tun, Herr X.

P 15: Da wäre ich Ihnen sehr dankbar.

S 15: (nachdenklich) Sie sagen: Ich brauche Gewißheit. Das verstehe ich. – Aber, Herr X., wenn die Auskunft negativ ausfällt. Was dann?

P 16: (tief bewegt, Luft holend) Daran darf ich nicht denken! Daran will ich nicht denken! (Pause, rückt hin und her.) Wissen Sie, ich brauche Hoffnung, sonst halte ich nicht durch. (Sehr leise) Ich bin nicht so robust, ich vertrage nicht viel. (Lange Pause)
Vielleicht können wir uns beim nächsten Mal draußen in die Nische setzen. Es ist nicht so schön, wenn ... (zeigt auf den Bettnachbarn).

S 16: Ja, das können wir tun. Wenn Sie möchten, gehe ich mit Ihnen auch gern ein Stück spazieren. (Pause)
Ich glaube, wir haben heute sehr lange gesprochen. Hoffentlich hat Sie das Gespräch nicht noch unruhiger gemacht.

P 17: Nein, nein. Außerdem habe ich hier eine Schlaftablette, die nehme ich gleich.
(S verabschiedet sich von beiden Patienten und geht.)

Das Gespräch beeindruckt durch das gute Zuhörenkönnen des Seelsorgers. Er hat sich innerlich auf den Patienten eingestellt. Schon durch das erste Signal, das er von ihm erhalten hatte („Ich kann jetzt wohl nie mehr heiraten"), aber auch durch die Information, die er von der Stationsschwester erhielt, war er auf ein schwieriges Gespräch eingestellt. Dadurch, daß er sich eine Abendstunde dafür aussucht, schafft er eine günstige Bedingung für das Gespräch.

Diese besondere Einstellung des Seelsorgers bleibt dem Patienten natürlich nicht verborgen (P 1). Und auch der Seelsorger hat seinerseits keinen Grund, dem Patienten zu verbergen, daß er sich ihm in besonderer Weise widmen will. „Ich habe heute abend viel Zeit" (S 1). Das Gespräch entwickelt sich dann auch rasch. Nur kurz hält sich der Patient beim „gestern" auf. „Gestern habe ich an Sie gedacht . . ." (P 2), um sogleich bei seiner Situation hier und jetzt einzusetzen: „Ich bin im Augenblick so unruhig." Noch einmal wird die vergangene Nacht zur Illustration herangezogen (P 3); der Seelsorger spürt, daß die Unruhe nicht mit der Nacht vergangen ist — eine neue Nacht ist angebrochen —: „Die Gedanken lassen Sie nicht schlafen" (S 3). Auch der nächste Satz des Mannes zeigt noch eine kleine Schwelle zum vollen Sich-aussprechen-Können. Er sagt, daß er mit seinem künstlichen Darmausgang nicht fertig wird: „und darum hätte ich Sie gestern nacht gern gesprochen" (P 4). Der Seelsorger wartet ab. Es fällt überhaupt in dem ganzen Gespräch auf, wie gut er warten und selbst lange Pausen aushalten kann. Damit gibt er dem Mann Raum, sich auszusprechen. Denn nun (ab P 5) spricht der Patient seine Unruhe rückhaltlos aus. Er ist in seiner augenblicklichen Situation „zu *nichts* mehr tauglich". Im Blick auf eine Eheschließung kann er sich „nun *gar keine* Hoffnungen mehr machen" (P 6).

Es ist bemerkenswert, daß der Seelsorger an dieser Stelle

keinen Widerspruch erhebt. Er hört nur zu und gibt seinem Gesprächspartner hier und da zu erkennen, daß er zugehört und verstanden hat! In einem langen Bericht zieht der Mann das Fazit seines Lebens (P 10). In einer vorsichtigen Formulierung gibt der Seelsorger ihm Echo: „Sie kommen ein wenig zu kurz — in Ihrem Leben" (S 11). Der Patient fängt an zu weinen. Der Seelsorger hält das aus. Er hält auch stand, als der Mann ihm in großem Ernst mitteilt, daß er seinem Leben ein Ende macht, wenn die Rückverlegung des Darmes nicht möglich sein sollte. „So bedrängend ausweglos sehen Sie Ihre Lage" (S 12).

Für den Fortgang des Gesprächs ist es entscheidend, daß es dem Seelsorger gelungen ist, den Mann bis hierher zu begleiten. Er ist den Weg bis zu dieser Stelle der Verzweiflung mitgegangen, ohne ihm irgendwo (um eines vermeintlichen Trösten-wollens willen) Einhalt zu gebieten. Dadurch ist der Grund für das Vertrauen gelegt, das dem Patienten ermöglicht, nun auch die nächsten Schritte zu gehen.

Er bittet den Pfarrer (P 13), mit dem Arzt zu sprechen und ihm dann „die Wahrheit" zu sagen. Jetzt geht es nicht mehr allein um die Frage, ob eine Rückverlegung des Darmausgangs möglich ist oder nicht. Es geht darum, ob er sterben muß.

Der Seelsorger spricht dem Patienten gegenüber seinen Standpunkt aus. „Grundsätzlich tue ich das nicht" — er möchte dem Patienten offen begegnen können (S 13). Läßt man seine Formulierung auf sich wirken, so spürt man freilich keine Zurückweisung, vielmehr eine offene Bereitschaft, seinen „Grundsatz" zu ändern. Welch eine vertrauensvolle Atmosphäre zwischen den beiden Gesprächspartnern besteht, wird auch darin deutlich, daß der Patient den Seelsorger in dessen „Standpunkt" versteht und akzeptieren kann: „Hm — Sie sind dann nicht so belastet", um dann seine Bitte noch einmal zu wiederholen: „Aber in meiner Lage sehe ich sonst keinen Ausweg. Ich brauche Gewißheit" (P 14).

Der Pfarrer sagt jetzt in der Form eines Versprechens zu: „Ich will es für Sie tun, Herr X." (S 14)

Jetzt, nach dem abgegebenen Versprechen, geht der Seelsorger einen Schritt vor, den er nur auf Grund des bestehenden Vertrauens wagen kann: „Sie sagen: Ich brauche Gewißheit.

Das verstehe ich. — Aber, Herr X., wenn die Auskunft negativ ausfällt. Was dann?" (S 15). Der Patient ist betroffen. Ihm bleibt die Luft für einen Augenblick weg. „Daran darf ich nicht denken! Daran will ich nicht denken!" Aber nun denkt er doch daran. Dazu braucht er zwei Pausen. Er fürchtet, daß seine Kraft nicht ausreicht, das zu tragen (P 16). *Wie sehr* er schließlich daran denkt, geht daraus hervor, daß er den Vorschlag macht, das nächste Gespräch unter vier Augen zu führen. Der Seelsorger geht darauf ein und macht sogar einen noch „weitergehenden" Vorschlag: „Wenn Sie möchten, gehe ich mit Ihnen auch gern ein Stück spazieren" (S 16). Auf die leise besorgte Frage, ob das Gespräch ihn nicht unruhiger gemacht habe, antwortet der Patient bestimmt: „Nein. Nein." Der Seelsorger verabschiedet sich.

Das 3. Gespräch

Zu Beginn des Gesprächs erzählt der Patient, daß es ihm heute besser geht. Das Fieber ist weg. Erst später stellt er die Frage: „Haben Sie schon mit dem Arzt gesprochen?" Als der Seelsorger verneint und berichtet, daß er zunächst einen Termin mit dem Arzt vereinbaren mußte, was nicht so einfach war, antwortet der Patient: „Lassen Sie sich ruhig Zeit. Sie brauchen nichts zu überstürzen." Der Seelsorger stellt staunend und erfreut fest, daß das hektische Drängen des Patienten („Ich brauche möglichst bald Gewißheit") einer sichtbaren Gelassenheit gewichen ist. Er ist beruhigt, daß der Patient nicht mehr von Selbstmord spricht. Der Mann erzählt dann, daß der Arzt ihm etwas vormache und sagt:

P: Ich vertraue Ihnen; ich weiß, daß Sie mir die Wahrheit sagen werden.

S: Und wenn sie negativ ausfällt? Werden Sie sie dann auch hinnehmen?

P: (nickt) Aber das wird mich viele Tränen kosten!

Wie ist diese Wandlung zu erklären? Die Befürchtung, daß der Patient durch das abendliche Gespräch noch unruhiger geworden sei, war noch nicht ganz gewichen. Um so überraschter ist der Seelsorger jetzt von der Ruhe des Patienten. Sie ist keinesfalls damit erklärt, daß das Fieber gewichen ist und der Patient seine Besorgnisse zurückgestellt hat. Er ist weiter mit der Frage nach „der Wahrheit" beschäftigt. Der Arzt scheint dabei wenig hilfreich zu reagieren. Dem Seelsorger gegenüber spricht der Patient offen sein Vertrauen aus, so daß dieser seine Frage noch einmal stellen kann: „Und wenn sie (die Wahrheit) negativ ausfällt? Werden Sie sie dann auch hinnehmen?" Zu einem ausgesprochenen „Ja" ist der Patient noch nicht fähig. Er nickt nur. „Aber das wird mich viele Tränen kosten." Die Verzweiflung des abendlichen Gesprächs ist einer großen Traurigkeit gewichen.

Wir können mit großer Sicherheit sagen, daß das abendliche Gespräch, in dem der Patient sich rückhaltlos hat aussprechen können und jemandem begegnet ist, dem er sich rückhaltlos anvertrauen kann, ihm geholfen hat, seine Situation ein großes Stück zu verarbeiten. Wir können mit derselben Sicherheit sagen, daß der Mann „weiß", wie es um ihn steht. Schon das erste Signal, das der Seelsorger von ihm gehört hat, dies *ausschließliche* „Ich kann jetzt wohl *nie mehr* heiraten", ist ein Hinweis darauf.

Dies „Wissen" ist eins. Aber das „Wissen" zu verarbeiten und zur Gewißheit werden zu lassen, ist ein anderes. Und dafür hat er den Seelsorger nötig.

Das 4. Gespräch

Seelsorger und Patient treffen sich in der Halle der Klinik. Es gibt eine freundliche Begrüßung. Der Patient erzählt, er habe seine Pflegemutter zum Ausgang begleitet. Er sieht dabei den Seelsorger sehr fragend an, so daß dieser kurz berichtet, daß das Gespräch mit dem Arzt inzwischen stattgefunden habe.

P: Was hat er gesagt?

S: Das kann man hier zwischen Tür und Angel schlecht sagen. Ich komme morgen zu Ihnen. Das hatte ich mir ohnehin vorgenommen.

P: Schön. — Aber was für einen Eindruck hatten Sie? Ist eine zweite Operation möglich oder nicht?

S: Der Arzt sagt: Grundsätzlich ja. Eine Rückverlegung des Ausgangs ist technisch — das ist das Wort des Arztes — möglich. Morgen können wir einen kleinen Spaziergang machen und alles in Ruhe bereden.

Sie verabschieden sich freundschaftlich. Der Seelsorger meint, im Gesicht des Patienten eine deutliche Skepsis erkennen zu können.

Das 5. Gespräch

Der Patient sitzt zur verabredeten Uhrzeit angezogen im Zimmer und erwartet den Seelsorger. Beide gehen dann die Flure entlang und suchen einen ruhigen Sitzplatz. Während des Gehens erkundigt sich der Patient, was der Arzt mit „technisch" gemeint habe. Der Seelsorger erklärt, wie er das Wort verstanden habe. Beide setzen sich vor ein großes Fenster, den Blick nach draußen gewandt.

P 1: Technisch ist eine Rückverlegung meines Darmausgangs möglich. Technisch. Aber ich höre auch ein „Aber". Was bedeutet dieses „Aber"?

S 1: Dieses „Aber" habe ich beim Arzt auch gehört.

P 2: Ich habe jetzt einen Bettnachbarn, der auch einen Seitenausgang bekommen hat. Ihm wurde eindeutig gesagt, daß eine Zurückverlegung erfolgen wird, und zwar bald (schaut den Seelsorger fragend an).

S 2: Ich habe über eine Stunde mit dem Arzt gesprochen. Das Gespräch hat mir viel gegeben. Ich verstehe jetzt den Stationsarzt viel besser. (Pause)
Sehen Sie, Herr X., Sie sagten neulich (im 2. Gespräch, die Stelle ist nicht protokolliert): Wenn ich ein Zimmer zu tapezieren habe, dann sehe ich mir die Wände an und kann dann sagen, so viele Tapeten brauche ich, so lang wird die Arbeitszeit sein, so hoch ist der Preis. Ich bin da Fachmann. Der Arzt ist auf seinem Gebiet auch ein Fachmann, und er müßte folglich auch so klar sagen können: Darmverlegung möglich oder nicht. In dem Gespräch mit dem Arzt habe ich gelernt, daß das für einen Arzt nicht so klar ist. Er muß vieles berücksichtigen.
(Pause. P hört gespannt zu.)
Ich kann Ihnen nur sagen, was ich von ihm gehört habe bzw. verstanden habe. Und zwar: Er kann nicht sagen, dann und dann wird der Darm verlegt. Mein Gefühl beim Zuhören damals war: Er ist sehr um Sie bemüht, auch sehr um Sie besorgt.

P 3: Ja, das merke ich, wenn er mich untersucht und seine Hand auf meinen Bauch legt. Er drückt ganz vorsichtig.
(Pause. P denkt nach)

Ja, er gibt sich viel Mühe.

S 3: Es geht zunächst darum, die Folgen der ersten Operation zu mildern, zu beheben. Die Frage nach der Rückverlegung des Darmausgangs und damit die Frage nach einer zweiten Operation stellt sich jetzt gar nicht.

P 4: Ich hab ja immer noch den Schlauch drin. Und es blutet. (Lange Pause. P ist sehr nachdenklich. Beide sehen zum Fenster hinaus und schweigen.)
Was für ein Leben – so, mit dem Ausgang! Freundschaften kann man nicht anknüpfen. Immer den Geruch in der Nase. (Lange Pause)
Vielleicht wäre es besser gewesen, ich hätte mich nicht operieren lassen. Dann hätte ich vielleicht noch fünf Jahre gelebt. Das wären fünf Jahre *Leben!* Trotz aller Beschwerden. Ich hätte noch einige Reisen gemacht – an die See, hätte das Leben noch genossen. Und dann aus.
(Pause. P schaut S voll an)
Der Arzt müßte einem sagen: So lange hast du noch zu leben, und nicht mehr. Meinen Sie nicht auch?! Dann könnte man sich darauf einstellen.

S 4: (fühlt sich durch die letzten Worte sehr bedrängt, sieht nachdenklich aus dem Fenster) Ich stelle mir vor, ich liege im Krankenhaus. Und eines Tages kommt der Arzt und sagt: Sie haben noch wenige Monate zu leben! (Pause)
Was würde in mir vorgehen? Was würde ich tun? (Pause)
Zunächst würde ich meine Familie versorgen. Alles Nötige mit ihr besprechen und regeln. Die Kraft dazu hätte ich, doch. Aber dann ... Dann müßte ich mit mir klar kommen. Fragen würden auf mich einstürmen. Probleme.

P 5: Sie würden sich damit nicht abfinden können.

S 5: Ich würde fragen: Warum gerade ich? Warum so früh? Ich möchte noch nicht sterben. Ich möchte noch bei meiner Familie bleiben. Meine Kinder, meine Frau ...

P 6: Das verstehe ich. Aber wenn Sie nun keine Familie hätten – so wie ich? Was dann? Dann fiele die Trennung doch nicht schwer. Aber: das ist Theorie. Sie haben ja eine Familie.

S 6: Ich würde mich auf den Tod vorbereiten, und das würde mich schrecklich viel Kraft kosten. Ich würde nach dem Sinn meines Lebens fragen. Wozu habe ich gelebt? Was wird aus meinem Leben, aus mir selbst? Werde ich so einfach ausgestrichen? Löscht der Tod alles aus? (Längere Pause) Wenn der Tod alles auslöscht – ich würde es nicht ertragen!

P 7: Sie glauben, daß danach etwas kommt, nach dem Tod, meine ich.

S 7: (nickt mehrmals langsam vor sich hin und schweigt länger.)

P 8: Ich bewundere glaubende Menschen! Doch, ich empfinde eine große Ehrfurcht vor ihnen. So ein bißchen beneide ich sie auch. Denn ich könnte es nicht – glauben. Für mich sind Glaubende – Träumer. Träumer nicht im negativen Sinn, keineswegs. Manchmal träume ich ja auch. Aber es sind – ich weiß nicht, wie ich es ausdrücken soll – kleinere Träume. Träume, die sich verwirklichen lassen. Vielleicht ein Haus, ein Auto, Sie verstehen? (Es folgt ein Gesprächsgang über Träume und ihre Verwirklichung, Traum als Wunsch und Antriebskraft.) Ich bin kein Freund von großen Träumen. Und darum kann ich auch nicht glauben. Kann nicht glauben, daß nach dem Tod noch was kommt. Ich verlasse mich auf Fakten.

S 8: Ich auch!

P 9: (sieht S erwartungsvoll an, fast herausfordernd)

S 9: Es gibt Fakten in meinem Leben, die ich nicht übersehen kann. Da war eine Hand – in meinem Leben. Eine Hand, die mich bewahrte, mich festhielt, mich nicht fallen ließ. Und warum sollte diese Hand nicht auch im Tod dasein? Warum sollte sie mich nicht gerade dort halten, wo es besonders darauf ankommt?

P 10: Ich habe so eine Hand nie gespürt. Ich war immer allein. Mir ist nichts zugefallen.

S 10: Ich erinnere mich, daß Sie mir einmal erzählten (im 2. Gespräch; die Stelle ist nicht protokolliert), wie glücklich Sie waren, als Sie Ihre Lehre abgeschlossen hatten. Sie sagten damals: Daß ich das überhaupt geschafft habe! Ohne alle Voraussetzungen! Allein gegen alle. Sie wunderten sich regelrecht, daß Sie nicht auf die schiefe Bahn gekommen waren.

P 11: (lächelt) Ja, da hatte ich mehr Glück als Verstand. Aber das Entscheidende war, daß *ich* durchhielt. Das war es!

S 11: Gewiß. Nur würde ich sagen: Da war eine Kraft, die mich hielt; eine Kraft, von der *meine* Kraft zehrte – so daß ich durchhielt. Gott war da!

P 12: (ruhig, nachdenkend) So kann man das vielleicht auch sehen. (Lange Pause)
Wissen Sie, ich habe mir nie Gedanken darüber gemacht, was nach dem Tode kommt. Wenn ich ehrlich bin: Das ist mir auch völlig egal. Ich hänge nicht am Leben. Ich hab im-

mer auch mehr an andere gedacht als an mich. Eingesetzt habe ich mich für sie! (Erzählt von Arbeitskollegen und Mitpatienten.)

Aber ich habe mir nie etwas dabei gedacht. Halt so geholfen.

S 12: (sieht die Visite kommen) Das nächste Mal erzähle ich Ihnen eine Geschichte, die das aufnimmt, was Sie eben sagen. (Verabschiedung)

Das nächste Treffen der beiden wird durch einen Zufall herbeigeführt. Das Gespräch mit dem Arzt hat inzwischen stattgefunden. Veranlaßt durch den fragenden Blick des Patienten unterrichtet der Seelsorger ihn davon. Die direkte Frage: „Was hat er gesagt?" bringt ihn in eine nicht geringe Verlegenheit. Er meldet sich zu einem Besuch für den nächsten Tag an. Aber damit ist der Patient nicht zufrieden und fragt nach: „Schön. Aber was für einen Eindruck hatten Sie? Ist eine zweite Operation möglich oder nicht?" Jetzt muß der Seelsorger antworten. Auf die Frage nach seinem persönlichen Eindruck geht er nicht ein. Dann hätte er die Frage verneinen müssen! Er beruft sich auf den Arzt. „Grundsätzlich ja. Eine Rückverlegung ist technisch möglich." Diese Antwort enthält zwei Einschränkungen. Einmal in dem „grundsätzlich", zum anderen in dem „technisch". Der Patient hat die Einschränkung gehört. Das geht nicht nur aus dem skeptischen Gesichtsausdruck hervor, den der Seelsorger beobachtet, sondern auch aus der Tatsache, daß der Patient sogleich bei dem nächsten Gespräch (sie sind noch auf dem Weg zu einem Ort, wo sie ungestört miteinander reden können) auf das „technisch" zurückkommt. Wie ist das gemeint? Der Patient hat ein „Aber" gehört, das ja gleichbedeutend mit einem „Nein" ist. „Was bedeutet dieses Aber?" (P 1). Der Seelsorger überläßt es dem Patienten, es zu deuten. „Dieses ‚Aber' habe ich beim Arzt auch gehört" (S 1). Sein Gesprächspartner tastet sich weiter heran. Seinem Bettnachbar hat der Arzt eine klare Auskunft ohne jedes Wenn und Aber gegeben! Jetzt zieht sich der Seelsorger gleichsam auf den Arzt zurück. Er versucht beim Patienten, Verständnis für den Arzt (und sein „Aber") zu wecken. Die Brücke dazu führt über ihn selbst. „Ich versteht jetzt den Stationsarzt irgendwie besser." Und dann der Brückenschlag zum Patienten selbst: „Er ist sehr um Sie bemüht, auch sehr um Sie besorgt" (S 2). Der Brückenschlag gelingt. „Ja", sagt der Mann, „das merke ich, wenn er mich untersucht und seine Hand auf meinen Bauch legt. Er drückt ganz vorsichtig. Ja, er gibt sich viel Mühe" (P 3). Jetzt wagt es der Seelsorger, einen Schritt weiterzugehen, indem er sagt: „Die Frage nach einer zweiten Operation stellt sich jetzt gar nicht" (S 3). Die Reaktion des Mannes zeigt, daß er das „einsieht": „Ich hab ja immer noch den Schlauch drin. Und es blutet."

Und dann wird deutlich, daß das „Wissen" des Patienten zur Gewißheit geworden ist. „Vielleicht wäre es besser gewesen, ich hätte mich nicht operieren lassen. Dann hätte ich vielleicht noch fünf Jahre gelebt." Er schaut den Seelsorger voll an. Zwischen beiden herrscht jetzt Einverständnis. „Der Arzt müßte einem sagen: So lange hast du noch zu leben und nicht mehr. Meinen Sie nicht auch?! Dann könnte man sich darauf einstellen" (P 4).

Dem Seelsorger war schon in der Besprechung seiner früheren Protokolle aufgegangen, daß er sich mit dem Patienten sehr stark identifizierte. Der Altersunterschied war gering, und der Mann war ihm sehr sympathisch. Das ermöglichte ihm sein einfühlsames Mitgehen. Jetzt knüpft er an das „Dann könnte man sich darauf einstellen" des Patienten an. Er versucht, sich in seine Lage hineinzuversetzen unter der von ihm gewünschten Bedingung, der Arzt hätte mit ihm über seine begrenzte Lebenserwartung gesprochen. „Ich stelle mir vor, ich liege im Krankenhaus. Und eines Tages kommt der Arzt und sagt: Sie haben noch wenige Monate zu leben. Was würde in mir vorgehen? Was würde ich tun?" (S 4). Er würde versuchen, zu regeln, was zu regeln wäre. „Aber dann ... Dann müßte ich mit mir klar kommen. Fragen würden auf mich einstürmen, Probleme." Das ist nun seinerseits ein Identifikationsangebot für den Patienten. „Sie würden sich nicht damit abfinden können" (P 5). Sehr lange kann er aber die Identifikation nicht aufrechterhalten. Die Situation ist doch zu sehr verschieden. „Aber wenn Sie nun keine Familie hätten — so wie ich? Was dann? ... Aber: Das ist Theorie. Sie haben ja eine Familie" (P 6). Der Seelsorger läßt sich dadurch nicht beirren und lenkt das Gespräch vorsichtig auf den Glauben. „Wenn der Tod alles auslöscht, das würde ich nicht ertragen" (S 6). Der Patient fragt zurück: „Sie glauben, daß danach etwas kommt, nach dem Tod, meine ich" (P 7). Der Seelsorger bejaht ohne Worte. Aber auch hier trägt die Identifikation nicht. Der Patient betont den Abstand: „Ich bewundere glaubende Menschen!" Ganz ohne Brücke ist der Abstand freilich nicht. „Für mich sind Glaubende Träumer . . . Manchmal träumte ich ja auch. Aber es sind . . . kleinere Träume." Und er endigt mit: „Ich kann nicht glauben, daß nach dem Tod noch was kommt. Ich verlasse mich auf Fakten" (P 8).

Der Seelsorger geht darauf ein. „Ich auch." Und spricht dann von Erfahrungen, die für sein eigenes Leben bedeutsam geworden sind. „Da war eine Hand in meinem Leben. Eine Hand, die mich . . . nicht fallen ließ." Das ist der Grund seines Vertrauens. Doch diese Erfahrung kann der Mann neben ihm nicht nachvollziehen. „Ich habe so eine Hand nie gespürt. Ich war immer allein" (P 10). Der Seelsorger gibt nicht auf. Er erinnert den Patienten an eine positive Erfahrung, die dieser ihm selbst berichtet hat (S 10) und interpretiert diese Erfahrung im Sinne seines Glaubens: „Da war eine Kraft, die mich hielt, eine Kraft, von der meine Kraft zehrte, so daß ich durchhielt. Gott war da" (S 11). Hier wird zum ersten Male in dem langen Kontakt der beiden Menschen der Name Gottes genannt!

Der Patient denkt ruhig darüber nach und sagt: „So kann man das vielleicht auch sehen" (P 12). Danach entsteht eine lange Pause. Und er fährt fort: „Wissen Sie, ich habe mir nie Gedanken darüber gemacht, was nach dem Tode kommt. Wenn ich ehrlich bin: Das ist mir auch völlig egal. Ich hänge nicht am Leben." Das wird so gesagt, daß der Seelsorger ihm das in dem Augenblick abnimmt. Im Zusammenhang der ganzen Gesprächsreihe sind diese Worte ein Zeugnis dafür, wie sehr der Mann sein eigenes Sterbenmüssen verarbeitet.

Der Patient setzt nun noch einmal an; er will erklären, warum er sich keine großen Gedanken über das Leben nach dem Tode gemacht hat. Dabei bringt er jetzt ein Stück positives Lebensfazit vor (man vergleiche dazu das völlig negative Fazit im 2. Gespräch P 10).

An dieser Stelle wird das Gespräch durch die Visite unterbrochen, und auch wir verfolgen den Kontakt nicht mehr weiter. Der Seelsorger möchte im nächsten Gespräch, wie er dem

Patienten mitteilt, das, was er zuletzt von ihm gehört hat, in den Zusammenhang einer biblischen Geschichte stellen. Welche er dafür aussuchen wird, ist ihm in dem Moment noch nicht klar.

Überblicken wir den Verlauf des Kontaktes zwischen diesem Patienten und dem Seelsorger, so wird deutlich, daß das Problem der „Wahrheit am Krankenbett" hier nicht durch ein einfaches „Ja" oder „Nein" auf die Frage nach der Rückverlegung des künstlichen Darmausgangs gelöst worden wäre. Die Frage, die dahinter stand, war die Frage nach Leben oder Sterben. Und auch hier wäre dem Patienten mit einem „Ja" oder „Nein" seitens des Arztes nicht gedient gewesen. Der Patient ahnt ja von Anfang an, wie es um ihn steht. Das Problem für ihn war vielmehr, wie er es bewältigen konnte, sein Ahnen zu einem Wissen und zur Gewißheit werden zu lassen, um dies zu verarbeiten. Dafür brauchte er einen Menschen, dem er sich anvertrauen konnte, von dem er auch wußte, daß er ihn nicht mit seiner Gewißheit allein ließ. Das Problem der „Wahrheit am Krankenbett" ist hier deutlich das Problem der Begleitung durch einen Menschen, dem man vertrauen kann. Schon in der biblischen Sprache meint der Begriff der „Wahrheit" weniger eine korrekte Information als vielmehr „Treue" und „Zuverlässigkeit". Eben dies konnte der Patient in dem Seelsorger, der ihm begegnete, erfahren.

„Ich kenne ja den Ausgang des Traumes nicht"

Der Traum eines Patienten

Der (katholische) Seelsorger besucht ein Zimmer, das mit drei Patienten belegt ist. Der erste (P) ist 32 Jahre alt, katholisch, an Krebs erkrankt und nach einer vier Wochen zurückliegenden Operation querschnittsgelähmt. Der Seelsorger hat ihn bereits mehrfach besucht und ihm auch die Kommunion gereicht. Der zweite, neben ihm liegende Patient (Pb) ist konfessionslos und 64 Jahre alt. Der dritte (Pc) kommt später hinzu.

Der Seelsorger begrüßt die beiden anwesenden Männer und fragt sie

S 1: Wie geht es Ihnen heute? (Dabei setzt er sich zwischen den beiden Betten auf einen Stuhl.)

Pb: Herrn W. geht es heute ganz schlecht. Er kommt gerade von der Bestrahlung und ist ganz schlapp. Ich bin jetzt zwei Wochen hier. Und nun wollen sie mich abschieben in ein Pflegeheim.

P 1: Ich habe gerade einen Traum gehabt, Herr Kaplan. Den möchte ich Ihnen erzählen.

S 2: Gut. Wenn Sie einverstanden sind, dann machen wir es so: Sie erzählen mir zunächst Ihren Traum, Herr W., und dann können wir uns unterhalten, Herr B.
(Beide nicken zum Einverständnis)

P 2: Gerade als Sie hereinkamen, habe ich geträumt. Ja, Sie haben mich durch das Klopfen aus dem Traum aufgeweckt. Den Traum muß ich Ihnen unbedingt erzählen. Manche halten ja viel von Träumen, und denen bedeuten sie was. Ich weiß nicht so recht was damit anzufangen. Den Ärzten möchte ich den Traum nicht erzählen, Ihnen aber, weil Sie ein Geistlicher sind. Sie können das verstehen.
Also, das war so: Hören Sie den Rammhammer draußen? (S und P horchen auf das monotone Hämmern.) Ich war in ein Rohr gekrochen. Das Rohr wurde im Rhythmus der Hammerschläge immer enger. Und ich hatte eine furchtbare

Angst. (Er beginnt auf einmal zu würgen.) Entschuldigen Sie bitte, ich muß brechen.

Pb: Das sind die Spasmolytika. Danach muß er immer brechen.

S 3: Darf ich Ihnen helfen? (S geht ans Bett zu P und hält die Schale und gibt ihm ein Tuch zum Abwischen des Mundes.)

P 3: (nachdem er sich wiederholt übergeben hat) Ich muß der Schwester klingeln. Die müssen das sehen und aufschreiben. (Die Schwester kommt sofort und fragt: Was ist?)

P 4: Ich habe gebrochen. Aber ich hatte schon eine Krankenschwester dabei, den Kaplan. Nehmen Sie das mit und notieren Sie es für den Doktor (zeigt dabei auf die Brechschale. Nachdem die Schwester gegangen ist, sagt er)

P 5: So, jetzt kann ich Ihnen den Traum weitererzählen. Ich sitze da also im Rohr, das immer enger wird. Auf einmal kommt von oben etwas angesaust. Da erkenne ich: Das ist meine Frau. Während sie an mir vorbei fällt, schreit und weint sie. Dabei werden ihr alle Kleider vom Leibe gerissen. Dann liege ich in meinem Bett und sie sitzt daneben. Dann wird es in dem Rohr ganz dunkel. An der Öffnung ist ein Monstrum zu sehen. Ich sage zu meiner Frau: Hol das mal runter! Als sie es runtergeholt hat, erkenne ich es: Es ist das Osterlamm! Gerade als ich das Osterlamm in meiner Hand halte, klopft es, und Sie kommen herein. — Das ist doch komisch.

S 4: Sie können sich keinen Reim auf das ganze machen. Ist es so?

P 6: Ja. Ich habe von Träumen nie etwas gehalten. Es gibt Leute, die legen ihre Träume aus. Aber ich weiß nicht, ob mein Traum etwas zu bedeuten hat.

S 5: Einerseits messen Sie dem Traum weiter keine Bedeutung zu, andererseits möchten Sie aber doch wissen, was er bedeutet.

P 7: Ja, wenn Sie nicht hereingekommen wären, hätte ich weitergeträumt.

S 6: Dann hätten Sie das Ende des Traumes erfahren. Das würde Ihnen helfen.

P 8: Ja. Ich habe das Gefühl, dann wäre das Rohr immer enger geworden. Dann hätten wir sterben müssen. Aber da war doch auch noch das Osterlamm.

S 7: Von ihm hätten Sie sich Hilfe erhofft.

P 9: Ja, als Geistlicher wissen Sie ja, was das Osterlamm bedeutet. Das können andere nicht verstehen. Aber ich weiß nicht so recht.

S 8: So ganz sicher sind Sie sich nicht, ob das Osterlamm Ihnen auch wirklich geholfen hätte.

P 10: Nein. Ich kenne ja den Ausgang des Traumes nicht.

Das Gespräch wird durch den dritten Patienten unterbrochen, der das Zimmer betritt. Der Seelsorger und er begrüßen sich.

P 11: (zu Pc) Hat Ihre Frau Sie schon wieder verlassen?

Pc: Ja. Sie muß um halb sechs fahren und ist erst um halb acht zu Hause.

P 12: (nimmt ein Luftkopfkissen und schiebt es unter den Kopf) So, jetzt habe ich wieder die Übersicht. (Bewegt sich mit dem Oberkörper hin und her.) Können Sie mir bitte den schwarzen Sack unten von den Füßen nehmen, dann kann ich mich ein wenig strecken. (S nimmt den Sack weg) So, jetzt geht es mir wieder besser. Ich kann jetzt ruhig liegen.

Es entsteht eine Gesprächspause. An der weiteren Fortsetzung des Gesprächs beteiligen sich alle drei Patienten. Sie teilen einander und dem Seelsorger mit, wie sie ihre augenblickliche Situation erleben und wie sie versuchen, sie zu bewältigen. Nachdem der Seelsorger etwa anderthalb Stunden in diesem Zimmer gewesen ist, bricht er auf.

S 9: Ich möchte mich für heute von Ihnen verabschieden. Ich komme wieder.

P 13: Dann müssen wir nochmal über meinen Traum reden.

Verabschiedung mit Handschlag.

Das Gespräch stammt von einer Station, die über mehrere Monate einen Seelsorger für sich allein hatte. Er war in das medizinische Team integriert. Wichtige anstehende Entscheidungen wurden unter seinem Beisein besprochen. Den Patienten, die sich alle einer Strahlentherapie unterziehen mußten, war er durch seine täglichen Besuche auf der Station vertraut. So ist er auch auf dem Zimmer willkommen, das er jetzt betritt. Zwei der Patienten sind anwesend. Der Seelsorger braucht sich nicht vorzustellen, er braucht sich auch nicht in einem Vorfeld aufzuhalten, sondern kann sich sogleich unmittelbar erkundigen: „Wie geht es Ihnen heute?" Er braucht auch nicht abzuwarten, bis ihm ein Stuhl angeboten wird. Er ist in dem Zimmer kein Fremder mehr. Er setzt sich zwischen die beiden Betten und zeigt damit: Ich bin für euch beide da. Der zweite Patient (er ist aus der Kirche ausgetreten, aber das bedeutet durchaus keine Schranke im Kontakt mit dem Priester!) weist zunächst auf das schlechte Befinden seines Bettnachbarn hin. Er antwortet also stellvertretend für ihn, so als ob sein Nachbar zu keiner rechten Antwort mehr fähig sei. Dann spricht er ein eigenes schwieriges Problem an: Er soll „abgeschoben" werden! Nun meldet sich aber der jüngere Mann neben ihm doch. „Ich habe gerade einen Traum gehabt, Herr Kaplan (so redet er den Seelsorger an, nachdem er von ihm die Kommunion empfangen hatte). Den möchte ich Ihnen erzählen."

Beide möchten den Seelsorger beanspruchen. Dieser schlägt vor, daß P seinen Traum zuerst erzählt, und daß Pb danach Gelegenheit zu einem Gespräch bekommt. Beide sind's zufrieden.

Den Traum, den der Patient geträumt hat, kann er nur dem Seelsorger erzählen. Die Ärzte würden ihn nicht verstehen. Er kann ja auch selber nicht so recht etwas damit anfangen. Der Seelsorger aber kann ihn verstehen, „weil Sie ein Geistlicher sind". Das setzt er zweifelsfrei voraus. Und es ist sehr wichtig für ihn, daß der Seelsorger den Traum hört und versteht. „Den muß ich Ihnen unbedingt erzählen." Ob der Traum eine Bedeutung für ihn hat? „Manche halten ja viel von Träumen, und denen bedeuten sie was."

Und dann beginnt er zu erzählen. Vor dem Fenster befindet sich eine Baustelle. „Hören Sie den Rammhammer draußen?" Es tritt eine kurze Pause ein, in der sie beide dem monotonen Hämmern lauschen. „Ich war in ein Rohr gekrochen. Das Rohr wurde im Rhythmus der Hammerschläge immer enger. Und ich hatte furchtbare Angst." An dieser Stelle beginnt er plötzlich zu würgen und muß sich übergeben. Der Mitpatient schaltet sich mit einer Erklärung ein: das käme von den Medikamenten. Der Seelsorger hilft dem sich übergebenden Patienten. Er hält ihm die Brechschale und reicht ihm Zellstofftücher. Erst nachdem er sich beruhigt hat, klingelt der Patient nach der Schwester. Er teilt ihr mit, was geschehen ist. Er teilt ihr zugleich mit, daß er ihre Hilfe nicht gebraucht habe, da der Kaplan dabeigewesen sei. Dem Seelsorger ist das etwas peinlich. Er möchte auf keinen Fall gegen die Schwester ausgespielt werden. In der Nachbesprechung des Protokolls wird aber deutlich, daß der Patient in diesem Augenblick tatsächlich den Priester nötig hatte, und nicht die Schwester oder den Arzt. Die dürfen das Erbrochene registrieren und analysieren. Der Seelsorger aber soll ihm beistehen. Einen anderen kann er in diesem Augenblick nicht gebrauchen. Das führt zu der Frage, ob die körperliche Reaktion des Patienten in diesem Augenblick nicht vielleicht aufs engste mit seinem Traum zusammenhängt. „Und ich hatte eine furchtbare Angst" — diese Angst bricht sich Bahn. Die Erklärung des Mitpatienten, der die Erzählung seines Bettnachbarn natürlich mit angehört hat, ist dann eine (nur zu verständliche) Rationalisierung. Sie hat die Funktion, die Angst abzuwehren (was ihm natürlich nicht bewußt ist).

Spätestens hier wird deutlich, daß der Traum, den der Patient erzählt, unmittelbare Gegenwart ist. Er fährt nun auch fort, im Präsens weiterzuerzählen (während er vorher in der Form der Vergangenheit sprach): „Ich sitze da also im Rohr ..." Der Traum ist so eindrücklich, daß die Betroffenheit des Seelsorgers nur zu verständlich ist. Zu deuten gibt es hier nicht mehr viel. Die dunkle Röhre, durch die wir bei der Geburt und im Sterben hindurch müssen. Die Frau, die an ihm vorbeifällt, wobei ihr die Kleider zerreißen (das Zerreißen der Kleider ist uralte Trauergebärde). Das „Monstrum" an der Öffnung des Rohres, dort wo es hell wird. Der Priester assoziiert „Monstranz" dazu. Das „Monstrum" wird in der Hand seiner Frau (oder „der" Frau, Maria oder Urmutter?) zum Osterlamm. Das Osterlamm ist auf der Oblate der Kommunion eingeprägt. „Gerade als ich das Osterlamm in meiner Hand halte, klopft es, und Sie kommen herein. — Das ist doch komisch."

Was ist „komisch"? Der Traum? (das nimmt der Seelsorger an!) Oder, was näher liegt, der Umstand, daß genau in dem Augenblick der Priester erscheint, als er das Osterlamm in der Hand hält! Der Seelsorger aber ist auf den Traum als solchen fixiert. Er ist ratlos. Wie soll er darauf reagieren? Er sagt später in der Gesprächsanalyse: „Ich wollte auf keinen Fall deuten. Das sollte er selber tun! Ich wollte das Gespräch auch nicht abbrechen. Ich mußte mir selber erst einmal Luft schaffen." Sein Ziel ist also, daß der Patient sich selber seinen Reim darauf macht. „Sie können sich keinen Reim auf das Ganze machen, ist es so?" (S 4). Der Patient ist nie bewußt mit seinen Träumen umgegangen. „Es gibt Leute, die legen ihre Träume aus. Aber ich weiß nicht, ob mein Traum etwas zu bedeuten hat" (P 6). Der Seelsorger spiegelt ihm (begreiflicherweise etwas distanziert) seinen Zwiespalt zurück. Soll er den Traum „unbesehen" beiseitelegen, oder soll er nach seiner Bedeutung fragen? „Ja", erwidert der Mann, „wenn Sie nicht hereingekommen wären, hätte ich weitergeträumt", das heißt: dann hätte ich erfahren, was er bedeutet! Der Seelsorger nimmt das auf: „Dann hätten Sie das Ende des Traumes erfahren ..." (S 6), worauf der Mann sagt: „Ja. Ich habe das Gefühl, dann wäre das Rohr immer enger geworden. *Dann hätten wir sterben müssen*" (P 8). Der Traum bedarf also auch für den Patienten keiner Deutung mehr! Der Patient möchte nun über das Osterlamm weitersprechen: „Aber da war doch auch noch das Osterlamm." An dieser Stelle fühlt sich der Seelsorger am meisten gefordert. Er schwankt: Soll ich den Traum oder die Realität ansprechen? Die Realität: das Sterben dieses Mannes, wäre ihm zu nahe gewesen! Er bleibt in Distanz: „Von ihm *hätten* Sie sich Hilfe erhofft" (S 7). Nein, von ihm *erhofft* sich der Patient in diesem Augenblick Hilfe und Rettung! Und er hat den Priester nötig, damit der ihm sage, was das Osterlamm bedeutet! „Als Geistlicher wissen Sie ja, was das Osterlamm bedeutet. Das können andere nicht verstehen." Deutlicher kann der Patient seine Erwartung nicht aussprechen! Wenn man diesen Satz auf sich wirken läßt und die Fortsetzung hinzunimmt: „Aber ich weiß nicht so recht" (P 9), dann klingt er so, als ob der Patient zum mindesten ahnt, was das Osterlamm bedeutet. Aber er ist sich noch unsicher: „Ich weiß nicht *so recht*." Er braucht also nur die Bestätigung, das „Amen" des Priesters! Doch der bleibt (wer könnte das nicht verstehen?) weiter auf Distanz: „So ganz sicher sind Sie sich nicht, ob das Osterlamm Ihnen auch wirklich geholfen hätte" (P 8). „Nein", lautet die Antwort, „ich kenne ja den Ausgang des Traumes" (noch) nicht" (P 10). In der Tat, diese Erfahrung steht noch vor ihm. Aber die Verheißung hätte ihm geholfen.

Das Gespräch wird unterbrochen. Der dritte Patient betritt das Zimmer. Der Seelsorger begrüßt ihn, und es gibt einen kurzen Wortwechsel zwischen dem Angekommenen und unserem Patienten. Dann schiebt dieser sich ein Luftkissen unter den Kopf und sagt: „So, jetzt habe ich wieder die Übersicht."

Er bewegt seinen Oberkörper (der Unterkörper ist gelähmt), bis er die bequemste Lage gefunden hat. Er bittet den Seelsorger, ihm den schwarzen Sack von dem Fußende fortzunehmen, der die Aufgabe hat, seinen Körper von unten her abzustützen. „Dann kann ich mich ein wenig strecken." Und er schließt das Gespräch mit den Worten ab: „So, jetzt geht es mir wieder besser. Ich kann jetzt ruhig liegen" (P 12). Er liegt jetzt völlig entspannt da. Der Seelsorger sagt aus der Erinnerung: „Als ob er bereits im Sarg liegt." Das Psalmwort: „Ich liege und schlafe ganz mit Frieden; denn allein du, Herr, hilfst mir, daß ich sicher wohne" (Ps. 4, 9) drängt sich auf.

Für den Patienten muß es entscheidend gewesen sein, daß der Priester in dem Augenblick seines Traumes zugegen war. „Jetzt habe ich wieder die Übersicht." Er hat ihn — und mit ihm sein Sterben — ein Stück verarbeiten können. Mit keinem anderen hätte er das tun können. Natürlich ist er noch nicht zu einem Abschluß dieser Verarbeitung gekommen. Deshalb gibt er, als sich der Seelsorger nach einer Zeit verabschiedet, zu erkennen, daß er mit ihm weiter über den Traum sprechen möchte. Viel Zeit ist nicht mehr: Fünf Tage nach diesem Gespräch erlebt er den „Ausgang des Traumes".

Die lästige Patientin

Die Stationsärztin bat die Seelsorgerin um den Besuch bei einer etwa 80jährigen Patientin, die auf der Station offenbar erhebliche Schwierigkeiten verursachte. Sie war nach einem Oberschenkelhalsbruch operiert worden und mußte wegen ihrer porösen Knochen länger als üblich liegen. Die Seelsorgerin hatte sie schon einmal in einem 4-Betten-Zimmer besucht. Dabei bemerkte sie bereits, daß die Patientin von den Zimmergenossinnen abgelehnt wurde. Sie klagte viel und war aggressiv gegen „die anderen". Auch mit ihren Familienangehörigen lebte sie offenbar in einem gespannten Verhältnis. Die Seelsorgerin erfuhr von der Bettnachbarin, daß der Bruder der Patientin sehr mit ihr „geschimpft" habe. Die Stationsärztin sagte zur Seelsorgerin: „Hier reichen unsere Möglichkeiten nicht mehr aus!" Sie fuhr selber die Patientin aus dem Zimmer in den Behandlungsraum und sagt zu ihr: „So, Frau X., hier ist Besuch für Sie. Nun können Sie sich einmal ganz ungestört unterhalten. Bald ist alles wieder gut, und Sie können laufen und wieder Walzer tanzen — einmal links herum — einmal rechts herum — nicht wahr?! Nun gehe ich, damit Sie sich unterhalten können." Die Patientin reagiert auf diese Worte mit einem hilflosen Kopfschütteln. Die Seelsorgerin denkt: Wie hilflos ist die Ärztin, und wendet sich der Patientin zu:

S 1: Sie erkennen mich wieder?
P 1: Ja.
S 2: Ich setze mich ein wenig zu Ihnen, wenn es Ihnen recht ist.
P 2: (Kopfnicken — einen Augenblick sieht sie S offen an — dann Stöhnen — sie liegt mit halbgeschlossenen Augen da)
S 3: Sie haben starke Schmerzen am Bein.
P 3: O ja — es ist furchtbar — was glauben Sie — jede Bewegung — alles. Und die Augen! (Reibt an den Augen, die nur halb offen sind) — sind so schwer — kann sie kaum offen halten.

S 4: Sie fühlen sich müde. (P nickt) Möchten Sie schlafen?
P 4: Nein — ich will nicht immer schlafen — die Augen — der ganze Kopf — (hart:) ich will weg!
S 5: Das Hierliegen ist für Sie quälend.
P 5: Furchtbar! — Alles! — Ich hatte so ein schönes Leben . . .

Hier wird das Gespräch durch einen Arzt unterbrochen, der etwas aus dem Schrank holt. Die Seelsorgerin hat an dieser Stelle eine größere Erinnerungslücke. Die Patientin spricht stockend, teilweise schlecht zu verstehen, teilweise verwirrt von Eltern und Geschwistern, von der guten Ehe und von der Pflegetochter, die sie regelmäßig besucht. Sie spricht mühsam mit trocknem Mund.

S 6: Möchten Sie etwas trinken?
P 6: Nein — nein — sie wollen, ich soll viel trinken — ich kann nicht so viel — und sie wollen unbedingt, daß ich esse, aber ich habe keinen Appetit — nein — es geht nicht (Stöhnen, dann erregt:) Sie verstehen nichts! Wie sie einen anfassen und drehen, als ob nichts wäre! Diese jungen Dinger — sie reißen und rupfen an mir herum — ja, sie zerrupfen mich noch!

Das Gespräch wird wiederum unterbrochen. Ein Arzt und ein Pfleger kommen zum Verbinden. Die Patientin läßt dies stöhnend und mit geschlossenen Augen über sich ergehen.

S 7: Möchten Sie jetzt schlafen?
P 7: O nein — bleiben Sie hier.

Die Patientin hält die Hand der Seelsorgerin fest. Sie redet mehr mit sich selbst, mit längeren Pausen dazwischen, teilweise unverständlich, so daß die Seelsorgerin nicht in der Lage ist, das Gesagte zu protokollieren. Dann:

P 8: Wissen Sie (richtet sich etwas auf), ich will nicht mehr, ich will sterben.
S 8: Sie empfinden Ihr Leben *so* schrecklich.
P 9: Ja, o ja — dann ist alles vorbei.
S 9: Sie hoffen sehr auf ein besseres Leben nach dem Tod.
P 10: Ja — ich bin gläubig — ich bete immer — meine Mutter hat mich gläubig erzogen. — O, wenn das meine Mutter wüßte, was ich jetzt aushalten muß . . .
(Lücke)

S 10: Sie können nicht mehr verstehen, daß Gott jedes Leben in seiner Hand hält — auch das schwere Leben.

P 11: (auffallend rasch) Gott hält *alles* in seiner Hand! — Ich verstehe wohl — aber — (verzweifeltes Kopfschütteln)

S 11: Sie können es nicht mehr für Ihr eigenes Leben annehmen. (P nickt.) Und doch ist Ihnen Christus gerade jetzt ganz nah, das glaube ich.

P 12: sieht S an, wird ruhig, schläft einen Augenblick ein, dann schaut sie S noch einmal offen an.

S 12: Frau X, Sie sind jetzt müde und brauchen Ruhe. Ich besuche Sie bald wieder. Möchten Sie, daß ich noch mit Ihnen bete?

P 13: Ja, tun Sie das (faltet die Hände).

S 13: versucht, in ihrem Gebet auf die Qual der Frau einzugehen und bittet um Hoffnung für jetzt oder nach dem Tod.

S berichtet weiter, daß sie nach dem Gespräch eine Schwester auf dem Gang bittet: „Können Sie mir helfen, Frau X wieder zurückzuschieben?" Darauf antwortet die Schwester unwirsch: „Was solls denn — ich muß ja!" Im Zimmer steht Essen für die Patientin. Die Schwester sagt: „So, jetzt wird aber gegessen!" Die Patientin schüttelt den Kopf, worauf die Schwester sie unbeherrscht anschreit. Erschrocken schiebt die Patientin den ersten Bissen in den Mund. Später erfährt die Seelsorgerin, daß die Patientin wegen ihrer Zucker-Erkrankung unbedingt essen muß.

Die Beobachtungen der Seelsorgerin lassen erkennen, daß die Patientin ihre ganze Umgebung in Schwierigkeiten gebracht hat. Niemand wird mehr mit ihr fertig. Das Protokoll selbst läßt dies verständlich werden: Die Patientin lehnt sich offenbar gegen alles, was von ihr erwartet wird und was mit ihr gemacht wird, auf. Sie will nicht essen und nicht trinken. Sie will sterben. Die Reaktion ihrer Umgebung: Zimmergenossen, Schwestern, Ärzte und Familienangehörige, ist nur zu verständlich. Man redet gut zu, und wenn das nichts hilft, wird man ärgerlich, gebietet und verbietet. Die Folge davon ist, daß die Patientin völlig isoliert ist, was sie nur um so verzweifelter macht. Am deutlichsten läßt der Ausspruch der Ärztin am Anfang erkennen, daß sich die ganze Umgebung der Patientin in einem Konflikt befindet. Die Ärztin *will nicht*, daß die Patientin stirbt. Auf beinahe groteske Art bringt sie das zum Ausdruck: „Bald ist auch alles wieder gut und Sie können laufen und wieder Walzer tanzen ..." Sie ist aufgebracht, weil die Patientin all ihr ärztliches Bemühen durchkreuzt. Ganz offen gibt sie der Seelsorgerin zu, daß sie mit ihrer Kunst angesichts der Patientin am Ende sei: „Hier reichen unsere Möglichkeiten nicht mehr aus!" Aus einem ähnlichen Grund reagiert die Schwester am Schluß so heftig: *sie* hat Angst, die Patientin könnte, wenn sie nicht ißt, sterben.

Der Konflikt, in den die Patientin ihre Umgebung gebracht hat, ist den Beteiligten aller Wahrscheinlichkeit nicht deutlich bewußt. Sie wissen nicht, daß, wenn auch der Anstoß von außen kommt, die Ursache ihres Ärgers doch in ihnen selbst liegt: in eigener Frustration und Angst. Und weil sie es nicht wissen, darum reagieren sie ihren Ärger unkontrolliert an der Patientin ab. Diese wird dadurch nur um so tiefer in die Verzweiflung gestoßen und will unter allen Umständen weg (P 4). Die Patientin und diejenigen, die sich um sie bemühen, befinden sich in einem Teufelskreis, der sehr schwer zu durchbrechen ist.

Verfolgen wir nun, wie sich die Seelsorgerin in dieser Situation verhält. Sie wird sogleich in den Konflikt mit hineingenommen. Die Ärztin agiert: sie fragt weder die Patientin, ob sie den Besuch wünscht oder gar zum Einzelgespräch ins Behandlungszimmer gefahren werden möchte, noch bespricht sie mit der Seelsorgerin, wie der Patientin vielleicht am besten zu helfen sei. Sie zieht die Seelsorgerin in den Konflikt. Natürlich möchte sie, daß die Seelsorgerin in ihrem Sinn handelt, d. h. daß sie die Patientin so beeinflußt, daß diese sich anpaßt. Dadurch ist die Seelsorgerin in eine schwierige Lage geraten.

Als sie mit der Patientin alleine ist, fragt sie: „Sie erkennen mich wieder?" Offenbar möchte sie den Kontakt dort wieder anknüpfen, wo er bei ihrem ersten Besuch unterbrochen wurde, um ihn nicht durch das, was sich soeben abgespielt hat, belasten zu lassen. Die Patientin antwortet: „Ja." Sehr vorsichtig versucht sie nun, den Kontakt wieder herzustellen. „Ich setze mich *ein wenig* zu Ihnen, *wenn es Ihnen recht ist.*" Sie vermeidet alles, was die Patientin unter Druck setzen könnte. Sie gibt ihr zu erkennen, daß sie gar nichts von ihr will, und sie das Recht hat, zuzustimmen oder abzulehnen. Damit respektiert sie die Freiheit der Patientin. Diese dankt ihr dies mit einem Kopfnicken und einem offenen Blick, der der Seelsorgerin deshalb auffällt, weil die Patientin sonst nur mit halbgeschlossenen Augen daliegt. Nur am Schluß (P 12) wiederholt sich dieser offene Blick noch einmal.

Die Patientin stöhnt. Die Seelsorgerin führt das auf starke Schmerzen zurück und gibt das auch (S 3) zu erkennen. Doch die Antwort darauf zeigt, daß es nicht nur die Schmerzen sind, unter denen die Patientin stöhnt. „Alles" ist furchtbar. „Und die Augen ... kann sie kaum offenhalten" (P 3). Die Seelsorgerin führt das auf die Müdigkeit der Patientin zurück. Sie ist sich nicht sicher, ob sie überhaupt noch fähig ist, weiterzureden und erkundigt sich: „Möchten Sie schlafen?" (S 4). Die Antwort ist überraschend: „Nein — ich will nicht immer schlafen — die Augen — der ganze Kopf ..." (P 4). Im Gegensatz zu der Trägheit, die über dem ganzen Gespräch liegt, kommt diese Antwort schnell heraus. Die Seelsorgerin konnte im ersten Augenblick nichts Rechtes damit anfangen. Erst später ging ihr auf, was das „ich will nicht *immer* schlafen" und der Versuch, die Augen offen zu halten, bedeutete: nämlich „ich will nicht sterben". Und dann kommt sehr hart heraus: „Ich will weg!" Die Seelsorgerin versteht: „Das Hierliegen ist für Sie quälend" (S 5), und die alte Frau fühlt sich verstanden: „Furchtbar! — Alles!" und dann verbittert: „ich hatte (!) so ein schönes Leben ..." (P 5).

Das Gespräch wird unterbrochen, dann redet die Patientin weiter, aber die Seelsorgerin versteht die Zusammenhänge nicht. Sie bemerkt nur, daß es die Patientin Mühe kostet, zu reden, und daß sie einen trockenen Mund hat. Sie möchte es ihr erleichtern: „Möchten Sie etwas trinken?" (S 6) — doch dies ruft einen heftigen Aggressionsausbruch hervor. Die Anfrage der Seelsorgerin erinnert sie an den Druck, dem sie sich ausgesetzt fühlt, an den Zwang, unter dem sie steht. Die Aggression richtet sich gegen diejenigen, die sie — um ihretwillen — auffordern, zu essen und zu trinken, die sie also am Leben erhalten wollen. „Sie verstehen nichts." Sie fühlt sich von ihnen „zerrissen" (P 6). Nimmt man P 8 hinzu: „Ich will nicht mehr, ich will sterben" — dann wird der Widerspruch, in den die Patientin verwickelt ist, ganz deutlich. Auf der einen Seite will sie nicht sterben. Sie kämpft dagegen an, daß ihr die Augen zufallen. Sie will nicht „immer" schlafen (P 4). Auf der anderen Seite wünscht sie nichts so sehnlich, als zu sterben. Die Seelsorgerin hörte diesen Widerspruch heraus und war ratlos. Was wollte die Patientin denn nun eigentlich? Leben oder sterben? Ein solcher Widerspruch irritiert.

Aber genau dies ist die innere Verfassung der Patientin. Beides lebt gleich stark in ihr. Sie fühlt sich hin- und hergerissen. „Es" zerrupft und zerreißt sie innerlich. Und je mehr man von außen an der *einen Seite* zieht (du darfst nicht sterben), desto mehr muß sie die *andere Seite* betonen: ich will aber sterben! Deshalb wird sie auch von außen zerrupft (P 6). Das bedeutet, daß ihr innerer Konflikt, der Kampf zwischen Leben und Tod in ihr selbst durch das Verhalten der Menschen in ihrer Umgebung bis ins Unerträgliche verschärft wird. Sie will weg.

Wie verhält sich die Seelsorgerin angesichts des Konfliktes der Patientin? Nach einer weiteren Unterbrechung des Gesprächs — die Patientin wird verbunden — erkundigt sie sich wiederum, ob sie *jetzt* vielleicht lieber schlafen möchte. Hier reagiert die Patientin anders als in P 4. Sie lehnt sich nicht mehr aggressiv gegen dies Angebot auf, sondern bittet, die Seelsorgerin möchte bei ihr bleiben. Sie hält deren Hand fest. Sie hat Vertrauen zu ihr gefaßt. Die nächsten Sätze versteht die Seelsorgerin wieder nicht. Die Patientin spricht mit sich selbst. Dazwischen sind längere Pausen. Die Seelsorgerin hat Geduld. Sie bleibt. Dann richtet sich die alte Frau ein wenig auf und sagt: „Wissen Sie, ich will nicht mehr, ich will sterben" (P 8). Wie reagiert jetzt die Seelsorgerin? Wird sie ihr widersprechen? Wird sie es ihr auszureden versuchen? Wird sie argumentieren: so zu denken, sei Sünde, sie werde doch noch gebraucht, sie wisse nicht, was sie damit anderen Menschen antue usw.? Das hätte die Ärztin, die sie zu ihr geschickt hatte, jedenfalls von ihr erwartet. Und sie selber spürte auch die Versuchung, so zu reagieren. Dann aber sagt sie: „Sie empfinden Ihr Leben *so* schrecklich" (S 8). Um zu ermessen, was das für die Patientin bedeutet, daß da jemand ist, der sie versteht und gelten läßt, der sie ernstnimmt und in ihren Gefühlen respektiert, muß man sich vor Augen halten, daß die Seelsorgerin aller Wahrscheinlichkeit nach der erste und einzige Mensch ist, der sich, seit sie so krank ist, ihr gegenüber so verhält. „Ja — o ja", sagt die alte Frau — man spürt förmlich, wie ein Druck von ihr weicht — „dann ist alles vorbei." Es fällt der Seelsorgerin alles andere als leicht, dies auszuhalten. Es klingt so schrecklich hoffnungslos. Darum versucht sie, die positive Seite der Sehnsucht dieser Frau, zu sterben, aufzuzeigen: „Sie *hoffen sehr* auf ein besseres Leben nach dem Tod" (S 9). Die Patientin nimmt das zunächst auf. Die Antwort klingt ein wenig so, als ob sie etwas sagt, was die Seelsorgerin von ihr erwartet: „Ja — ich bin gläubig — ich bete immer — meine Mutter hat mich gläubig erzogen" (P 10). Dann aber, nach einer kleinen Pause, sagt sie etwas, was vermuten läßt, daß ihr der Glaube, in dem sie erzogen worden ist, hier und jetzt problematisch geworden ist: „Oh, wenn das meine Mutter wüßte, was ich jetzt aushalten muß!" Dahinter steht: dann würde sie wohl auch nicht mehr viel zu sagen wissen!

Die Seelsorgerin berichtet, daß sie an dieser Stelle lange gebraucht habe, den Sinn dieser Worte zu verstehen. Sie habe intensiv darüber nachgedacht, so daß ihr dann auch einige weitere Sätze der Patientin entfallen seien. Aber dann läßt sie sich auf das ein, was sie aus den Worten der Frau zu hören gemeint hatte: „Sie können nicht mehr verstehen, daß Gott jedes Leben in seiner Hand hält — auch das schwere Leben" (S 10). Aber dies war offenbar zu hart. Vielleicht hat die Frau auch einen leichten Tadel daraus gehört — vielleicht wurde sie für einen Augenblick an die Erziehung ihrer Mutter erinnert. Sie entgegnet auffallend rasch: „Gott hält *alles* in seiner Hand. Ich verstehe wohl ..." Das entscheidende Wörtchen in diesem Satz ist dann freilich das „aber", dem nur noch ein verzweifeltes Kopfschütteln folgt. Die Seelsorgerin versucht — nun ein wenig vorsichtiger, nicht so allgemein — das Unausgesprochene zu formulieren: „Sie können es nicht mehr für Ihr eigenes Leben annehmen." Die alte Frau nickt. Die Seelsorgerin hat sie verstanden. Sie braucht es selber nicht mehr auszusprechen. Aber sie braucht auch nicht mehr zu widersprechen.

Die Seelsorgerin hält, nachdem sie das Gefühl hat, daß die Patientin ihr gesagt hat, was sie hat sagen wollen, den Zeitpunkt für gekommen, nun ihrerseits etwas zu sagen. „Und doch ist Ihnen Christus gerade jetzt ganz nah, das glaube ich" (S 11). Das sagt sie der alten, verzweifelten Frau, und das sagt sie auch sich selbst: „das glaube ich." Die Reaktion der Patientin darauf läßt vermuten, daß sie dies verstanden und auch angenommen hat. Sie schaut die Seelsorgerin an, wird spürbar ruhiger, schläft einen Augenblick ein und schaut dann die Seelsorgerin noch einmal offen an. Daß sie der Seelsorgerin die Nähe Christi „abgenommen" hat, wird auch dadurch wahrscheinlich gemacht, daß sie sich nun nicht mehr gegen den Abschied der Seelsorgerin sträubt. Es ist unverkennbar, daß die Seelsorgerin ihr die Nähe Christi „begreiflich" machen konnte. Sie selber hatte die Nähe zu der Patientin ausgehalten. Sie hatte ihr ihre Hand überlassen. Und diese Hand hat nicht an ihr „gerissen und gerupft". Sie hat vielmehr Nähe und Vertrauen vermittelt. *Dieser* Hand konnte man die Nähe Christi abnehmen.

Die folgenden Gesprächsprotokolle, die die Seelsorgerin von ihren Besuchen bei dieser Patientin aufzeichnete, zeigen zwei auffallende Merkmale: Einmal lehnt sie sich nicht mehr so gegen ihre Umgebung auf. Sie wurde auf eine andere Station verlegt und fühlt sich dort wohler: „Ich will hier bleiben." Zum anderen erlaubt sie es sich jetzt, offen mit Gott und ihrem Schicksal zu hadern und auseinanderzusetzen — eine Auseinandersetzung, die sich in diesem Protokoll schon anbahnte (P 10). Beides — das Abnehmen der Aggression gegen die Umwelt und die Auseinandersetzung mit Gott — hängt miteinander zusammen. Nicht zuletzt wird man diese Entwicklung dem Kontakt mit der Seelsorgerin zuschreiben können.

Der Aufruhr gegen Gott

Frau X. liegt schon ca. 4 Monate im Krankenhaus. Sie ist ca. 60 Jahre alt, hat eine schwere Operation hinter sich, nach der sie sich aber nur sehr langsam erholte. Auf der Station gilt sie als sehr schwierige Patientin, kooperationsunwillig, sehr negativ. Zwischendurch hieß es gelegentlich: „Eigentlich könnte es ihr schon viel besser gehen, wenn sie nur etwas mehr mitarbeiten würde." S. hat die Patientin schon mehrfach besucht, aber doch nur sehr schwer zu ihr Kontakt gefunden.

P 1: (im Bett liegend, eine Serviette um den Hals geknotet) Gut, daß Sie kommen, Herr Pastor. Sie können doch die Polizei verständigen. Was hier mit mir gemacht wird! Da muß doch jemand eingreifen.

S 1: Sie werden hier nicht gut behandelt ...

P 2: Nicht gut behandelt? Da kommen sie und machen dies und das: Verband, Spritze. Aber das ist ja alles gelogen.

S 2: Sie haben das Gefühl, die hier tun nicht das Richtige für Sie.

P 3: Ach was, experimentieren tun die mit mir. Ich will ja gar nicht gepflegt werden. Ich will nur hier raus.

S 3: Sie möchten nach Hause.

P 4: Ich will hier raus. Ich habe nie etwas für dieses Krankenhaus übrig gehabt. Aber jetzt reicht es mir ganz und gar. Ich habe mir schon ein Tuch um den Hals gezogen. Ich kriege es nur nicht fest genug. Ich brauche ein dünneres Tuch. Dann kriege ich keine Luft mehr. Ich will sterben. Können Sie mir nicht ein dünneres Tuch beschaffen (zieht die Serviette um ihren Hals noch fester)

S 4: (erschrocken, macht das Tuch wieder los): So kriegen Sie ja keine Luft mehr. — — Sie möchten am liebsten sterben. Sie können's nicht mehr aushalten.

P 5: Ja, wenn sie mir hier doch eine Spritze geben würden. Aber keiner will mir helfen. Können Sie nicht einen Spezialarzt besorgen. Kein Arzt kommt zu mir. Keiner tut etwas für mich. Die Schwester steht dann so fromm da und sagt, sie wolle mir doch helfen. Aber ich will doch gar keine Hilfe. Ich will nur hier raus.

S 5: Sie kommen sich hier wie eingesperrt vor.

P 6: Ja, wie im Gefängnis. Da haben sie mir hier auch noch die Gitter ans Bett gemacht. Da kann ich überhaupt nicht raus. Eingesperrt wie im Gefängnis. – Können Sie das nicht der Polizei melden. Das muß doch jemand erfahren. Das können die doch nicht so einfach mit mir machen hier. – Helfen Sie mir doch! Sie sind doch Pastor. Sie sind jetzt meine einzige Hoffnung. – Aber Sie tun ja auch nichts. Keiner tut was für mich.

S 6: Sie sind sehr enttäuscht, auch von mir.

P 7: Enttäuscht! Von allen enttäuscht! Diese Schwestern tun auch nichts für mich. Alle lassen sie mich hier allein. Wenn sie mich doch bloß sterben lassen würden. Und Sie können mir auch nicht helfen. Und Sie sind doch Pastor.

S 7: Ich bin ganz hilflos. Ich weiß nicht, wie ich Ihnen helfen soll.

P 8: Dastehen ... – Bei einem Sterbenden mag das ja sinnvoll sein. Aber bei mir doch nicht. Sie können mir auch nicht helfen. —– Dann kriege ich eine Spritze. Die beruhigt mich ein bißchen. Aber was hilft das? Hinterher werde ich wieder wach. Und dann ist alles wieder so, wie es war. Wenn sie mich doch sterben lassen wollten! Ich werde hier noch wahnsinnig. – Wenn ich doch wahnsinnig würde!

S 8: Sie können es einfach nicht mehr aushalten. Sie möchten am liebsten sterben.
(eine Schwester kommt mit Verbandszeug)

P 9: Gucken Sie da! Dann tun sie irgend etwas mit mir. Aber das ist doch alles gelogen. Irgendetwas stimmt da nicht. Die machen irgendwelche Experimente mit mir. Wenn ich doch nicht so schwach wäre. Ich kann doch nichts dagegen tun.

S 9: (gibt der Frau zwischendurch immer wieder zu trinken oder legt einen frischen nassen Waschlappen auf ihre Stirn. Ihr ganzer Mund ist entzündet. Die ganze Frau ein Jammerbild) Sie kommen sich hier ganz alleingelassen vor ...

P 10: (Pause) —– Es gibt keinen Gott im Himmel. Früher habe ich immer gebetet, und er hat mir geholfen. Aber jetzt weiß ich: Es gibt keinen Gott im Himmel. Der könnte dieses nicht so mit ansehen, was ich hier jetzt ertragen muß.

S 10: Sie können nicht mehr an Gott glauben ...

P 11: Ich bin ganz allein! Wenn ich doch bloß irgendwie hier raus könnte! Ich will ja gar nichts. Ich will ja gar keine Hilfe. Ich will bloß hier raus.

S 11: (faßt wieder ihre Hand, wie schon mehrfach vorher) . . . Frau X, . . .

P 12: Jetzt sagen Sie bloß noch, ich solle auf Gott vertrauen . . .

S 12: Das sage ich nicht. Sie würden mir dann sehr böse sein. Sie können jetzt gar nicht auf Gott vertrauen.

P 14: Jetzt nicht —? Vier Monate lieg ich schon hier. Hätte ich mich doch bloß nicht operieren lassen. Nichts geholfen hat das. Da hat dieses alles angefangen. Gucken Sie sich doch bloß einmal meinen Mund an. — Ich glaube, ich habe Lungenkrebs. Aber wenn ich bloß hier raus könnte, — dann würde ich auch das noch ertragen. (guckt S. ganz flehentlich an) Sie können doch etwas unternehmen. Sie helfen mir doch! Keiner sonst hilft mir!

S 13: (hält den Blick aus, mit großer Mühe) Ich möchte Ihnen so gern helfen. Ich weiß bloß nicht, wie.

P 15: Ich denke, Sie sind Pastor. Aber Sie tun auch nichts für mich. Ich will jetzt eine Spritze. (klingelt) Wer weiß, wie lange das jetzt dauert, bis jemand kommt. (Die Schwester kommt sehr schnell, ist auch sofort bereit, eine Spritze zu machen. Während sie die Spritze macht, fragt sie mich über's Bett nach dem Ergehen meiner Frau.)

S 14: Die Schwester kennt nämlich meine Frau.

P 16: Ja, wenn das Ihre Frau wäre, die hier liegt, dann würden Sie etwas unternehmen. Aber so. Keiner tut was für mich.

S 15: (lange Pausen zwischendurch. Gibt Frau X immer wieder etwas zu trinken. Faßt ihre Hand) . . . Ich möchte jetzt gehen, Frau X. Auf Wiedersehen!

P 17: Nicht: Auf Wiedersehen! Ich will nicht wiedersehen. Ich will sterben. Nichts will ich wiedersehen!
(S. kann sich nicht entschließen, zu gehen. Weiß auch jetzt nicht mehr, was er zum Abschied sagen soll. Sucht nach Worten, geht im Geiste alle möglichen Verabschiedungen durch. Bleibt schweigend stehen)

P 18: Das ist ja alles egal. Ob Sie da stehen oder nicht. Es ist ja alles egal. Sie können mir ja doch nicht helfen.

S 16: Sie möchten, daß ich jetzt gehe . . .

P 19: Dann lassen Sie mich auch allein. Alle lassen mich allein. Die Schwestern kommen und wischen irgendetwas ab und gehen wieder. Der Arzt kommt erst gar nicht.
(S. bleibt, wieder unschlüssig, stehen. Hofft auf die Wirkung der Spritze bei Frau X., registriert auch gewisse Anzeichen.)

S 17: Möchten Sie, daß ich jetzt gehe, Frau X.?

P 20: (zustimmendes Nicken, jedenfalls deutet S. das so)
S 18: (sucht wieder nach einem Abschiedswort) ... Frau X., ... Ich wünsche Ihnen, daß Ihnen die Spritze ein wenig Ruhe verschafft. (geht raus)

Die Betroffenheit, die dies Gespräch bei dem Seelsorger, der es vorlegte, ausgelöst hat, wird sich auch dem Leser mitteilen. Schon der Anfang ist überrumpelnd. Der Seelsorger wird auf eine Weise mit Beschlag belegt, daß ihm die Luft wegbleibt: „Gut, daß Sie kommen ... Sie können doch die Polizei verständigen!" Dringlicher kann der Schrei nach Beistand und Schutz wohl kaum Worte finden. Man kann es dem Seelsorger nachfühlen, daß er zunächst einmal versucht, sich Luft zu verschaffen: „Sie werden hier nicht gut behandelt ..." (S 1) — jedoch die Frau fällt ihm ins Wort: „Nicht gut behandelt?!" In diesen zahmen Worten findet sie ihre Empörung nicht im Entferntesten wieder. „Da kommen sie und machen dies und das: Verband, Spritze — aber das ist ja alles gelogen!" (P 2). Auch in dem nächsten Satz des Pfarrers findet sich die Frau nicht richtig verstanden. Er sagt nämlich: „Sie haben das Gefühl, die hier tun nicht das Richtige für Sie." (S 2). Die Frau wird immer aggressiver: „Ach was, experimentieren tun die mit mir." Und dann folgen zwei Sätze, in denen sie etwas über *sich selbst* sagt; sie spricht *sich* aus: „Ich will ja gar nicht gepflegt werden, ich will nur hier heraus!" (P 3). Der Seelsorger denkt an das „Nächstliegende": Die Patientin möchte entlassen werden. Aber auch damit (S 3) hat er sie nicht verstanden. Wie nur kann sie es ihm deutlich machen, so daß er weiß, wie es wirklich um sie steht? Zunächst scheint sie noch an das anzuknüpfen, was der Seelsorger gesagt hat: „Sie möchten nach Hause", wenn sie antwortet: „Ich will hier raus. Ich habe nie etwas für dieses Krankenhaus übrig gehabt. Aber jetzt reicht es mir ganz und gar." Aber dann greift sie zu einem unmißverständlichen Mittel. Sie demonstriert: sie zieht die Serviette um ihren Hals fester. „Ich will sterben!" Und der Pfarrer soll ihr dabei helfen: „Können Sie mir nicht ein dünneres Tuch beschaffen?!" (P 4). Jetzt wird übrigens deutlich, was der Satz „Ich will raus hier" *eigentlich* meint. Der Pfarrer greift erschrocken zu. Er lockert das Tuch: „So kriegen Sie ja keine Luft mehr", ruft er aus. Wer sich die Situation in seiner Phantasie vorstellt, der begreift, welch eine innere Disziplin es den Pfarrer kostete, an dieser Stelle nicht vorwurfsvoll zu sagen: „Aber das dürfen Sie doch nicht tun! Sie müssen doch vertrauen, man will doch nur das Beste usw." Er hat nur einen kleinen Augenblick Zeit, sich von dem Schrecken zu erholen und sich ein wenig wiederzufinden. So ist er in der Lage, der Patientin relativ ruhig mitzuteilen, was er nunmehr von ihrer Situation verstanden hat: „Sie möchten am liebsten sterben. Sie können 's nicht mehr aushalten." (S 4)

Die Frau sagt „Ja" darauf, und wir können nur vermuten, daß es für sie außerordentlich wichtig ist, daß sie nun endlich verstanden worden ist. Wir können ebenfalls vermuten, daß der Pfarrer der erste und einzige an diesem Bett ist, der dies so stehenlassen kann, ohne den Versuch zu machen, es der Frau auszureden. Nach seinen eigenen Worten hat ihn dies eine ungeheure Kraft gekostet.

Wenn wir jetzt den weiteren Verlauf des Gesprächs überblicken, so fällt auf, daß die Patientin voller Verzweiflung sich ständig wiederholt. Es wiederholt sich der Schrei nach Hilfe: „Keiner will mir helfen ... Keiner tut etwas für mich" (P 5, vgl. P 6, P 14, P 18). *Die* Hilfe, die ihr zuteil wird, ist keine Hilfe für sie: „Aber ich will doch gar keine Hilfe" (P 5), und als eine Schwester mit Verbandszeug das Zimmer betritt: „Gucken Sie da! Dann tun Sie irgendetwas mit mir. Aber das ist doch alles gelogen (vgl. P 2!). Irgendetwas stimmt da nicht" (P 9).

Es wiederholt sich der Wunsch zu sterben: „Wenn sie mich doch bloß sterben lassen würden" (P 7 und P 8), wobei im letzten Votum der Widerspruch auffällt: Sie wehrt sich dagegen, wie eine Sterbende behandelt zu werden: „Dastehen ... Bei einem Sterbenden mag das ja sinnvoll sein. Aber bei mir doch nicht!" — um im selben Atemzug zu beklagen, daß sie nach einer Spritze doch wieder aufwacht und dann alles wieder so ist, wie es war: „Wenn sie mich doch sterben lassen wollten! Ich werde hier noch wahnsinnig. Wenn ich doch wahnsinnig würde!" Und am Schluß wehrt sie sich gegen den Gruß des Pfarrers: „Auf Wiedersehn!" Sie sagt: „Ich will nicht wiedersehn. Ich will sterben. Nichts will ich wiedersehen!" (P 17).

Und schließlich wiederholt sich die verzweifelte Klage, ganz allein gelassen zu werden: „Ich bin ganz allein ... (P 11) Dann lassen Sie mich auch allein. *Alle* lassen mich allein" (P 19) — und dies, obgleich Ärzte und Schwestern sich sehr wohl um sie kümmern. Zweimal während des Gesprächs mit dem Pfarrer kommt eine Schwester herein und ist auch sofort bereit, zu helfen. Aber gegen *dies* Alleingelassen-werden, von dem die Frau spricht, kann jede auch noch so gute Betreuung nichts ausrichten.

Verfolgen wir, wie der Seelsorger auf die verzweifelten Appelle der Sterbenden reagiert, so können wir uns dem Eindruck seiner Hilflosigkeit nicht entziehen. Er spricht seine Hilflosigkeit auch aus: „Ich bin ganz hilflos. Ich weiß nicht, wie ich Ihnen helfen soll" (S 7); „Ich möchte Ihnen so gern helfen. Ich weiß bloß nicht, wie" (S 13). Am Schluß des Gesprächs fehlen ihm die Worte, mit denen er sich verabschieden könnte. Im übrigen versucht er in kurzen Sätzen, auf die Situation seiner Gesprächspartnerin einzugehen: „Sie werden hier nicht gut behandelt (S 1); Sie haben das Gefühl, die tun hier nicht das Richtige für Sie (S 2); Sie möchten nach Hause (S 3). Sie möchten am liebsten sterben. Sie können's nicht mehr aushalten (S 4); Sie kommen sich hier wie eingesperrt vor (S 5); Sie sind sehr enttäuscht, auch von mir (S 6); Sie können nicht mehr an Gott glauben (S 10); Sie möchten, daß ich jetzt gehe (S 16)." Offenbar hat er gar nichts, was er der Aggression und der Verzweiflung dieser Frau entgegensetzen könnte.

Genau dies war der Punkt, an dem in der Gruppe von Seelsorgern, die dies Gespräch besprach, Widerspruch laut wurde. Er konzentrierte sich auf die Stelle, wo die Patientin äußert: „Es gibt keinen Gott im Himmel. Früher habe ich immer gebetet, und er hat mir geholfen. Aber jetzt weiß ich: Es gibt keinen Gott im Himmel. Der könnte dieses nicht so mit ansehen, was ich hier jetzt ertragen muß" (P 10) und auf die Reaktion des Pfarrers darauf. Warum nimmt hier der Christ keine Stellung? Warum weist er die Frau nicht darauf hin, daß sie ein sehr primitives Verständnis von dem habe, was Beten sei? Warum bietet er keinen Widerstand? Warum sagt er hier nicht ein Bibelwort oder einen Gesangbuchvers? Die Stimmung unter den Pfarrern wurde aggressiv. Hat der Seelsorger hier nicht seinen Auftrag verraten? Hat er die Frau nicht letztlich im Stich gelassen? Macht sie ihm seine Hilflosigkeit (etwa in P 15) nicht geradezu zum Vorwurf?

In einem etwas späteren Stadium des Gruppengesprächs wurde den Teilnehmern deutlich, daß sie deshalb so aggressiv auf den Seelsorger reagierten, weil das Gefühl der Hilflosigkeit sich ihnen derart mitgeteilt hatte, daß sie sich *dagegen* zur Wehr setzen mußten. Erst nachdem sie sich das zugestanden hatten, konnten sie sich wieder dem Gesprächsprotokoll zuwenden, um zu fragen, was geschehen wäre, wenn der Seelsorger die Patientin nach ihren Vorschlägen korrigiert hätte.

Sehen wir uns die betreffende Stelle genauer an. Auf den Ausbruch der Patientin: „Es gibt keinen Gott im Himmel ..." antwortet der Seelsorger: „Sie können nicht mehr an Gott glauben" (S 10). Die Patientin sagt jetzt den inhaltschweren Satz: „Ich bin ganz allein" und wiederholt ihren verzweifelten Wunsch: „Wenn ich doch bloß irgendwie hier raus könnte!" (P 11). Der Pfarrer faßt darauf ihre Hand und redet sie an: „Frau X ...", worauf sie ihm ins Wort fällt und aggressiv sagt: „Jetzt sagen Sie bloß noch, ich solle auf Gott vertrauen ..." (P 12). Damit wird zweifelsfrei deutlich, daß die Frau in diesem Augenblick einen derartigen Tröstungsversuch nicht ertragen hätte, und wir nehmen es dem Seelsorger ab, wenn er im Rückblick auf sein Gespräch sagt: „Die Frau war vom Anfang bis zum Ende so aggressiv, daß sie mich, wenn ich mich ihr an irgendeiner Stelle entgegengestellt hätte, gleichsam weggefegt hätte. An keiner einzigen Stelle kam ich dazwischen." Damit ist die Ratlosigkeit des Theologen perfekt. Seine Waffen sind ihm aus der Hand geschlagen.

An dieser Stelle erinnerte jemand aus der Gruppe an das Buch Hiob. Er fände Parallelen zu dem vorliegenden Gespräch. Einmal in dem maßlos aggressiven Hader Hiobs mit seinem Schicksal und gegen Gott. Zum anderen in dem sich steigernden Bedürfnis der Freunde Hiobs, ihn mit Hinweisen auf Gottes Majestät und Güte zu trösten. Und schließlich darin, daß diese Tröstungsversuche für Hiob selber unerträglich gewesen seien; er habe diese — theologisch durchaus „richtigen" — Versuche samt und sonders zurückgewiesen.

Von der Beobachtung her, daß der Gott Hiobs diesen rechtfertigt, während er dessen Freunden bescheinigt, daß sie sich falsch verhalten haben, fällt ein neues Licht auf dies seelsorgerliche Gespräch. Ist der Satz der Patientin: „Es gibt keinen Gott im Himmel" so etwas wie die dogmatische Äußerung eines Atheisten, oder ist's nicht eine letzte Provokation Gottes, im Sinne eines Ihn-Herausrufens, ähnlich wie wir es von Hiob auch kennen? Auf diese Weise provoziert sie ja auch den Seelsorger, der sie im Namen dieses Gottes besucht, wenn sie ihm sagt: „Aber Sie tun ja doch nichts (P 6) . . . Und Sie können mir auch nicht helfen. Und Sie sind doch Pastor (P 7) . . . Sie können mir ja doch nicht helfen (P 18) . . . Dann lassen Sie mich auch allein (P 19) . . ."

In diesem Zusammenhang muß nun auch eine Beobachtung an dem vorgelegten Gespräch zur Sprache kommen, die wir bislang vernachlässigt hatten. Es werden in dem Kontakt zwischen Seelsorger und Patientin nämlich nicht nur Worte gewechselt. Der Seelsorger *tut* während des Gesprächs eine Menge. Er lockert das Tuch, mit dem sie sich den Hals zuschnürte, um ihrer Verzweiflung Ausdruck zu verleihen (S 4). Er gibt der Frau zwischendurch immer wieder zu trinken oder legt ihr einen frischen nassen Waschlappen auf die Stirn (S 9 und S 15). Er hält ihre Hand (S 11) und weicht ihrem flehentlichen Blick nicht aus (S 13) — das heißt, er weicht dieser Frau überhaupt nicht aus!

Dies alles läßt sie mit sich geschehen, sie weist es nicht ab. Wir werden diesen nicht-verbalen Kontakt zwischen Seelsorger und Patientin vermutlich gar nicht hoch genug einschätzen können. Wir können mit einiger Bestimmtheit sagen, daß eben dieser stillschweigende Kontakt, in dem sich der Seelsorger auf die Hilflosigkeit und Verzweiflung dieser Frau einläßt, es ihr ermöglicht, sich auszusprechen, zu hadern und zu kämpfen. Sie tut es angesichts des Pastors. *Er* erlaubt es ihr. Wenn P 10 der theologische Schlüssel zu dem Verständnis des ganzen Gesprächs ist: „Es gibt keinen Gott im Himmel" — dann bedeutet das, daß der Pastor ihr die Gelegenheit gab, sich in ihrer Verzweiflung an Gott selbst zu wenden. Dadurch, daß er sich von ihrer Not so betreffen ließ, daß ihm die Worte fehlten, gab er ihr zu erkennen, daß Gott selbst, den er an ihrem Bett „vertrat", sich von ihr betreffen ließ. Damit hat er seine seelsorgerische Aufgabe an dieser Frau erfüllt.

Während des Gesprächs selbst hat er das nicht erkennen können. Da hatte er nur das Gefühl zu versagen. Jetzt sah er ein, daß sein „Versagen" — im Licht des Buches Hiob — Tröstung war.

Der Seelsorger hat die Patientin am nächsten Tag noch einmal besucht. Das Gespräch verlief sehr ruhig. Die Frau stand unter dem Einfluß von seditativen Medikamenten. Nach Angaben der Schwestern ist sie wenige Tage später ruhig gestorben.

„Ich sehe einen Samen – da wird eine schöne Blume draus"

Das Geheimnis der Hoffnung

Die Stationsschwester machte die Seelsorgerin, eine Gemeindehelferin, auf einen etwa 65jährigen Patienten aufmerksam. Sie regt einen Besuch mit den Worten an: „Vielleicht hilft es ihm. Es geht ihm sehr schlecht." Die Seelsorgerin betritt das Einzelzimmer, in dem der Patient liegt.

S 1: Guten Tag, Herr X. Ich bin Frau Y. Ich arbeite hier im Klinikpfarramt und möchte Sie besuchen.

P 1: Das ist schön (stellt das laufende Radio ab).

S 2: Ich möchte Sie nicht stören, Sie hören gerade einen Vortrag.

P 2: Ach, über Juden und Israel. Das ist nicht so wichtig. *Woher* kommen Sie?

S 3: Ich komme vom Klinikpfarramt hier und besuche die Patienten auf dieser Station.

P 3: Das ist schön. Da haben Sie ein weites Feld.

S 4: Ja, hier sind viele Menschen krank. – Sie freuen sich, besucht zu werden.

P 4: Ja, wegen der Krankheit, und dann auch, weil ich hier so liege – ich hätte gern eine bessere Aussicht. Ich kann gar nichts sehen, jetzt im Frühling.

S 5: Das macht Sie traurig, daß Sie nicht mit ansehen können, wie jetzt alles grün wird.

P 5: Ja – ja, ich bin Hobbygärtner und habe einen Garten. Und nun bekomme ich gar nichts mit. Im vorigen Jahr auch schon nicht. Da lag ich auch schon hier. – Dort die Blumen hat meine Frau aus meinem Garten gebracht.

S 6: Sie vermissen schon lange die bunten Blumen.

P 6: Ja, ich liege schon lange. – Ganz plötzlich fiel ich auf der Straße um. (Der Patient erzählt, daß man schließlich einen Gehirntumor entdeckt und operiert habe. Er beschreibt die Form des Tumors genau.) Der Arzt sagte, daß ich Glück hätte. Es war gutartig.

S 7: Das ging gut für Sie aus. Trotzdem müssen Sie jetzt hier liegen.

P 7: Ja, das ist wegen meiner Krankheit. – Ich hatte im Januar eine dolle Grippe, und die hat meine Krankheit sehr gefördert. – Ich hab nämlich Krebs.

S 8: Sie wissen, was mit Ihnen los ist.

P 8: Ja (zieht sich im Bett hoch) – ich hab zum Arzt gesagt: ich will klare Auskünfte. Erst hat er mir gesagt: na ja, vielleicht wird es wieder werden. Das kann auch sein, sie haben ja auf dem Gebiet große Entdeckungen gemacht ...

S 9: Sie haben das Gefühl, besser fertig zu werden, wenn Sie klar sehen.

P 9: Ja – sonst, wenn ich nur grüble, dann – dann werd ich noch verrückt!
Jetzt bin ich mir klar – und das hilft.
Ich habe eine tüchtige Frau und tüchtige Kinder, und das befriedigt mich. –
Ja, erst lag ich im 6-Bett-Zimmer. Aber das war nichts für mich. Die sind so rücksichtslos. Türenknallen – naja, das ist äußerlich. Aber ich konnte auch nicht mit ihnen reden. Sie sind so oberflächlich. Die Ärzte sahen dann auch ein, daß es für mich hier besser ist.

S 10: Hier fühlen Sie sich wohl und können über alles nachdenken. Hier stört Sie niemand.

P 10: Ja, das Zimmer hier ist meine Welt. Aber dann suche ich auch wieder Menschen, denen ich das erzählen kann.

S 11: Sie haben das Gefühl, immer können Sie mit Ihren Gedanken nicht allein bleiben. Es sind zu viele, und Sie möchten sie jemandem mitteilen.

P 11: Ja, und es kommen ja auch immer mehr dazu!

S 12: Ja – es werden zu viele.

P 12: Ja, die müssen mal raus! Die Menschen wissen gar nicht, was für ein hohes Gut die Gesundheit ist. Sie verschludern sie.

P 13: Sie haben hier gelernt, wie kostbar Ihre Gesundheit war.

P 13: Ja – ich denke auch, es dürfte keinen Krieg geben. Und all das. In Nordirland. Da kämpfen doch Katholiken gegen Evangelische, (leise) da komm ich mit meinem Gott durcheinander. Und in Vietnam ... kleine Kinder, ganz entstellt, sie sind hier und müssen Pflegeeltern kriegen. –

S 14: Sie können nicht verstehen, wie Gott da reinpaßt.

P 14: Nein! Warum sind denn Kriege – damals der 1. Weltkrieg und dann der zweite?

S 15: Sie fragen sich, was Gott sich dabei denkt.

P 15: Ja – und die Menschen, wenn sie sich mit Bomben zerschießen, ganz entstellt. Das sollen die Ebenbilder Gottes sein!

S 16: Sie fragen: wie kann ich darin noch Gott erkennen.

P 16: Ja! — Und dann sehe ich einen Samen und da wird eine schöne Blume draus. Das bringt mich der Versöhnung wieder näher.

S 17: Sie sehen: Gott läßt das Schöne zu und das Schreckliche.

P 17: (sich halb aufrichtend, die Hände fragend) Ja, warum!! Ja — ich streite mit Gott.
Meine Mutter war 39 Jahre, als sie an Krebs starb. Ich bin fast doppelt so alt geworden, habe eine gute Frau und gute Kinder.

S 18: Sie spüren, mein Leben hat sich gelohnt.

P 18: Ja. (Und nun erzählt er von seiner schweren Jugend, von dem Vater, der Trinker war, von der Mutter, die sich scheiden ließ und ihm dennoch gebot, den Vater zu ehren, von der Verantwortung, die er als ältester von mehreren Geschwistern trug. Er spricht leise, stockend, als ob er etwas nicht versteht. Dann unversehens:)
Es ist heute wohl kalt draußen.

S 19: Ja, es regnet, Herr X., ich werde jetzt gehen. Sie sagten vorhin, Sie suchen Menschen, mit denen Sie reden können. Wenn Sie mögen, komme ich wieder zu Ihnen.

P 19: Ja, bitte.

S 20: Ja, dann können Sie wieder reden. Auf Wiedersehn.

P 20: Auf Wiedersehn; (langer Händedruck) Danke.

Der Anfang des Gesprächs läßt erkennen, wie hier zwischen den beiden Gesprächspartnern rasch ein offener Kontakt geschlossen wird. Die Seelsorgerin geht ohne viel Umstände auf den Patienten zu: „Ich möchte Sie besuchen." Der Patient gibt sogleich zu erkennen, daß ihm der Besuch willkommen ist. Er stellt das Radio aus und sagt: „Das ist schön." Die Seelsorgerin läßt ihm freien Raum: „Ich möchte Sie nicht stören, Sie hören gerade einen Vortrag." Doch der Besuch ist dem Mann wichtiger als der Vortrag. Dann gibt er eine leise Unsicherheit zu erkennen: „*Woher* kommen Sie?" Die Seelsorgerin, die die Unsicherheit spürt, reagiert wieder vorsichtig und zieht sich ein wenig zurück: „ich besuche *die Patienten auf dieser Station*". Zum zweiten Male sagt der Patient: „Das ist schön" und reagiert dann seinerseits auf „die Patienten auf dieser Station": „Da haben Sie ein weites Feld." „Ja", sagt die Seelsorgerin, „hier sind viele Menschen krank" — um dann wieder einen Schritt auf ihn zuzugehen: „Sie freuen sich, besucht zu werden." „Ja", sagt der Mann. Der Kontakt ist geschlossen, das Vertrauen ist hergestellt. Nun kann er über sich sprechen. Er freut sich über den Besuch wegen der Krankheit, und dann auch, weil er hier so liegt — mit einer so schlechten Aussicht: „Ich kann *gar nichts* sehen, jetzt im Frühling." Die Seelsorgerin spürt die Traurigkeit in diesen Worten und versucht, sich einzufühlen: „Das macht Sie traurig, daß Sie nicht mit ansehen können, wie jetzt alles grün wird" (S 5). Der Mann antwortet darauf ein wenig zögernd, als ob er es doch ein klein wenig anders gemeint hat. Aber dann geht er darauf ein: „Ja — ja, ich bin Hobbygärtner und habe einen Garten." Im nächsten Satz fällt — wie schon in P 4 („ich kann gar nichts sehen") — das Ausschließliche des Ausdrucks auf: „Und nun bekomme ich *gar nichts* mit." Im vorigen Jahr war das auch schon so. Dann weist er auf die Blumen hin, die an seinem Krankenbett stehen. Die hat seine Frau aus seinem Garten mitgebracht.

Die Seelsorgerin sagt: „Sie vermissen schon lange die bunten Blumen." Der Patient antwortet: „Ja, ich liege schon lange." (S 6—P 6) Wenn man auf die Worte des Patienten einfühlend horcht, dann bekommt man den Eindruck, daß es ihm nicht nur um sein Hobby geht. Er wünscht sich eine bessere Aussicht. Sie ist ihm vollkommen versperrt. Er ist abgeschnitten vom Frühling. Seine Frau bringt ihm die Blumen: sie ist die Mittlerin zwischen ihm und dem, wovon er abgeschnitten ist. Wenn wir auf P 16 vorgreifen, dann beginnen wir den tieferen Sinn dieser Worte zu ahnen. Der Patient spricht von einer anderen, viel existentielleren Aussicht als dem fehlenden Panorama vor seinem Fenster. Es ist die Aussicht auf das Leben, die ihm versperrt erscheint. Seine Frau ist die Brücke zu dem Leben, das für ihn zur Vergangenheit geworden ist. Der Frühling, die Zukunft, ist nicht mehr für ihn da. Der Patient spricht in Symbolen. Ohne daß die Seelsorgerin sich dessen während des Gesprächs bewußt ist, läßt sie sich auf diese Symbolsprache ein: „Sie vermissen schon lange die bunten Blumen" — das bunte Leben, es liegt schon weit zurück. Der Patient fühlt sich verstanden. Es bedarf des Bildes nicht mehr: „Ja, ich liege schon lange."

Dann erzählt er ein Stück Krankengeschichte. Er fällt aus der Gegenwart in die Vergangenheit. Die Seelsorgerin hat den

Eindruck: er erzählt etwas Abgeschlossenes, er erzählt es wie ein Märchen, das er schon oft erzählt hat. Sie bekommt das Gefühl, daß der Patient sie schonen will. Im Ohr bleibt ihr der Satz, der etwas Unmittelbares, Gegenwärtiges aussagt: „Ja, ich liege schon lange."

So geht sie auf die Erzählung ein: „Das ging für Sie gut aus" — um ihn sogleich einzuladen, über seine Situation hier und jetzt weiterzureden: „Trotzdem müssen Sie *jetzt hier* liegen." Der Patient nimmt die Einladung an. „Ja, das ist wegen meiner Krankheit" (in P 4 sagt er noch: „wegen *der* Krankheit"). Und dann macht er drei Schritte. „Ich *hatte* im Januar eine dolle Grippe." Das ist Plusquamperfekt. Das liegt weit zurück. „Die *hat* meine Krankheit sehr gefördert." Hier ist die Vergangenheit bereits mit der Gegenwart verbunden. „Ich hab nämlich Krebs." Deswegen liegt er *jetzt hier*. Deswegen ist die Aussicht versperrt.

Die Seelsorgerin berichtet, daß der Patient sie bei diesem Satz „unheimlich intensiv" angesehen habe, als wollte er wissen, was sie damit anfange. Sie habe es als eine große Forderung erlebt und sei sich sehr unsicher gewesen, wie sie damit umgehen solle. Sie habe das Gefühl gehabt: hier darf ich nicht mehr ausweichen. Sie wollte sich stellen: „Sie wissen, was mit Ihnen los ist." Das „Ja", das der Patient darauf sagt, spricht er gleichsam mit seinem ganzen Körper. Er zieht sich hoch. „Ich hab zum Arzt gesagt: ich will klare Auskünfte. Erst hat er mir gesagt: na ja, vielleicht wird es wieder werden ..." Das „dann" läßt er fort. Es steht mehr zwischen den Zeilen. Obgleich er genau weiß, wie es um ihn steht, will er sich doch ein kleines Stückchen Hoffnung auf Genesung offenhalten: „Das kann auch sein, sie haben ja auf dem Gebiet große Entdeckungen gemacht."

Der Seelsorgerin bieten sich jetzt zwei Möglichkeiten an. Entweder sie versucht, die Hoffnung auf Gesundung zu unterstützen, etwa indem sie sagt: „Gewiß. Sie dürfen diese Hoffnung nicht aufgeben. Schon viele Leute, die Ihre Krankheit hatten, sind wieder gesund geworden! Sie dürfen sich nicht aufgeben!" Oder sie konfrontiert den Patienten mit der einmal erkannten Realität seiner Situation, um ihm zu helfen, sich aufs Sterben vorzubereiten. Dann würde sie etwa sagen:

„Doch Sie glauben selber nicht ganz daran. Sie wissen, daß Sie sterben müssen. Darauf müssen Sie sich jetzt vorbereiten.“ Lesen wir, was die Seelsorgerin dann wirklich tut, so stellen wir fest, daß sie keinen der beiden Wege einschlägt. Weder macht sie ihm die Hoffnung streitig, noch versucht sie, ihm „Hoffnung zu machen“. Intuitiv hat sie begriffen, daß sie damit dem Patienten die Möglichkeit zur *Auseinandersetzung* mit sich und seiner Situation erschweren würde. Sie hat verstanden, daß es ihm eben darum geht: sein Leben in dieser Situation zu bewältigen. So sagt sie: „Sie haben das Gefühl, besser fertig zu werden, wenn Sie klar sehen“ (S 9). Der Mann bejaht das. Und dann sagt er: „Jetzt bin ich mir klar — und das hilft.“ Und nach einer Pause: „Ich habe eine tüchtige Frau und tüchtige Kinder, und das befriedigt mich“ (P 9). Er hat ein Stück Klarheit gewonnen: die versperrte Aussicht (in P 4) hat sicher auch mit der quälenden Unklarheit zu tun gehabt. Er hat ein Stückchen Frieden gefunden („das befriedigt mich“) und kann seine Frau und seine Kinder ein wenig loslassen. Sie sind tüchtig, das bedeutet: sie werden ihren Weg auch ohne mich gehen können. Der Patient spricht dies so unmittelbar, so in der Konfrontation mit der Seelsorgerin aus (er richtet sich auf), daß wir vermuten können, daß das, was er sagt, in demselben Augenblick *geschieht*. „Jetzt bin ich mir klar — und das hilft.“ In diesem Augenblick *ist* ihm geholfen. Es kann kein Zweifel daran bestehen, daß dies unmittelbar mit der Haltung der Seelsorgerin zusammenhängt. Sie hat sich ihm gestellt. Sie hat die Augen vor seiner Situation nicht verschlossen. Sie ist nicht ausgewichen. Sie hat ihn zutiefst verstanden. Und eben dies hilft ihm zur Klarheit über sich selbst.

Der Patient erzählt dann (P 9) weiter, wie unwohl er sich in dem 6-Betten-Zimmer gefühlt habe. Das Türenknallen war nur äußerlich. Was er am meisten vermißt, ist das Reden-Können mit jemandem. Was für eine Funktion hat diese Erzählung im Verlauf des Gesprächs? Das wird deutlich, wenn wir es noch einige Sätze weiterverfolgen. Die Seelsorgerin meint (S 10), daß er sich hier wohler fühlte, weil er ungestört liege. Der Patient erwidert (P 10): „Ja, das Zimmer ist meine Welt. Aber dann suche ich auch wieder Menschen, denen ich das erzählen kann.“ Das ganze Gewicht liegt auf dem 2. Satz: „Aber dann ...", und er spricht in der Gegenwart: er sucht Menschen, bei denen er sich aussprechen kann. Das hatte er auch schon in P 9 zum Ausdruck gebracht — dort allerdings noch verhüllter, verkleidet in die Vergangenheit und in einer negativen Feststellung: „Aber ich konnte auch nicht mit ihnen reden." Beidemale wird die Wichtigkeit des Satzes mit einem einleitenden „aber" unterstrichen. Jetzt ist deutlich: Diese Worte sind an die Seelsorgerin gerichtet. Er möchte ihr (ohne daß ihm dies in dem Augenblick rational ganz bewußt ist) zu erkennen geben, daß er sich *bei ihr* weiter aussprechen möchte. Auch die Seelsorgerin hat dies nicht auf Anhieb verstanden. Zu S 10 sagt sie: ich ließ mich selbst draußen!

Aber langsam begreift sie: „Sie haben das Gefühl: immer können Sie mit Ihren Gedanken nicht allein bleiben. Es sind zu viele, und Sie möchten sie jemandem mitteilen." Jetzt kommt in das Gespräch ein rasches Gefälle. Der Patient: „Ja, und es kommen ja auch immer mehr dazu!" Die Seelsorgerin: „Ja — es werden zu viele." Der Patient: „Ja, die müssen mal raus!" (P 11—P 12). Und dann kommen die Gedanken, die „mal raus müssen". Aggressionen gegen *die Menschen,* die ihre Gesundheit verschludern. Wieder versteht die Seelsorgerin, daß es dabei um ihn selber geht, um seine verlorene Gesundheit. So läßt sie sich nicht dazu hinreißen, mit ihm auf die gesunden Menschen zu schimpfen oder darüber zu diskutieren. Intuitiv spricht sie aus, was die *eigentliche* Ursache der Aggression ist: „Sie haben hier gelernt, wie kostbar Ihre Gesundheit *war."* Unvermittelt wendet sich der Patient gegen den Krieg, „es dürfte keinen Krieg geben" (P 13), Nordirland und Vietnam *gehen ihm nahe,* er sieht die entstellten Opfer dieser Kriege vor sich (P 13, P 15), „warum *sind* denn Kriege?" (P 14). Diese Kriege (er spricht von ihnen in der Gegenwart!) gehen ihm so nahe, daß er sich aggressiv dagegen zur Wehr setzt.

Diese Passage ist auffallend. Wie kommt der Patient, der doch angekündigt hat (P 9—12), daß es ihm um sehr persönliche Dinge geht, die er aussprechen möchte, auf die Kriege? Das ist nur verständlich, wenn er selber unmittelbar daran beteiligt ist, wenn es um den Krieg geht, den er selber kämpfen muß, wobei er in der Gefahr steht, „ganz entstellt" zu werden. Hinter der Aggression gegen die Kriege *überhaupt* (1. und 2.

Weltkrieg, Vietnam und Nordirland) steht sein eigener, augenblicklicher Kampf um Leben und Tod. Die Seelsorgerin hat dies in dem Augenblick nicht verstanden. Aber eines hat sie sehr wohl gehört: den leiser ausgesprochenen Satz: „Da komm ich mit meinem Gott durcheinander“ (P 13), und sie begreift, daß der *eigentliche* Gesprächspartner in diesem Abschnitt Gott ist. Daß sie es so verstanden hat, geht daraus hervor, daß sie sich den Aggressionen des Patienten nicht in den Weg stellt. Sie beschwichtigt nicht, sie beschwört nicht die Lehre von der Theodizee, sie wirft sich nicht zum Verteidiger Gottes auf — sie gibt vielmehr alle seine Fragen und Zweifel an Gott weiter: „Sie können nicht verstehen, wie Gott da reinpaßt ... Sie fragen sich, was Gott sich dabei denkt ... Sie fragen: wie kann ich darin noch Gott erkennen“ (S 14—S 16). Sie bleibt auch in dieser schwierigen Passage des Gesprächs bei dem Patienten und ermöglicht ihm so, das auszusprechen, was heraus muß, wenn er darin nicht ersticken will (P 12). Mit seinem spontanen „Ja“ und „Nein“, mit dem der Mann auf jede Äußerung der Seelsorgerin reagiert, zeigt er, wie sehr er sich verstanden weiß. Dann sagt er plötzlich: „Und dann sehe ich einen Samen und da wird eine schöne Blume draus. Das bringt mich der Versöhnung wieder näher“ (P 16).

Die Gruppe, in der dies Protokoll besprochen wurde, assoziierte sogleich das Gleichnis vom Senfkorn (Mark 4, 30 f. par). Auch der Mann *sieht* nur einen Samen. Aber darin steckt die Hoffnung, daß nicht die Vernichtung das Letzte ist. Und das bedeutet Versöhnung nach allem Kampf. Das Spontane und Unerwartete dieses Satzes läßt ahnen, daß in diesem Augenblick ein Stück Hoffnung in dem Mann geboren wird. Er bringt sie zum Ausdruck in einem eschatologischen Gleichnis.

Aller Wahrscheinlichkeit nach wäre dies in diesem Gespräch nicht geschehen, wenn die Seelsorgerin ihm nicht erlaubt hätte, mit Gott zu kämpfen — im nächsten Satz des Patienten wird deutlich, daß er sich dessen bewußt ist, was er tut (P 17): „Ja, ich streite mit Gott.“ Da es ihm die Seelsorgerin erlaubt hat — wodurch sie ihm zugleich deutlich gemacht hat, daß auch Gott es ihm erlaubt — kann er sich es auch selber erlauben. Und aus diesem Streit wird Hoffnung geboren.

Das hat die Seelsorgerin während des Gesprächs allerdings nicht verstanden. Sie erkennt, daß sie mit ihrem Satz: „Sie sehen: Gott läßt das Schöne zu und das Schreckliche" (S 17) sowohl an Gott wie auch am Patienten vorbeigeredet hat. Es ging dem Patienten um die Hoffnung *mitten im* Todeskampf. Sie redet einmal vom „Schönen", und dann auch noch so, als sei das Schöne und das Schreckliche voneinander getrennt. Von Gott redet sie sehr distanziert: er läßt das eine und das andere zu. Sie selber sagt in der Gesprächsanalyse: ich habe Gott nach oben gestellt, während der Patient ihn angefaßt hat.

So hat sie dann auch im weiteren Verlauf des Gesprächs das Gefühl, daß sie den Patienten nicht mehr recht versteht. Sie weiß nicht mehr, worum es ihm geht. Die Gruppe, die sich um das Gespräch bemühte, vermutete, daß er nun noch einmal sein ganzes Leben in die große Frage nach dem „Warum" einbeziehen wollte, daß er auf der Suche nach dem Sinn seines Lebens war. Auch der Patient spürt, daß ihm die Seelsorgerin nicht mehr zu folgen vermag. Der Kontakt erkaltet langsam: „Es ist heute wohl kalt draußen." Die Seelsorgerin begreift sofort, daß dies das Signal ist, das Gespräch zu beenden. Sie verabschiedet sich. Sie hat das Gefühl, daß das Gespräch noch nicht zu Ende ist und bietet ihm die Fortsetzung an. Der Patient bittet darum. Und in der Tat zeigen die folgenden Protokolle der Seelsorgerin, daß sie ihn weiter begleiten kann.

In einem der folgenden Gespräche, in der sich der Patient in einer sehr depressiven Stimmung befand, lenkte die Seelsorgerin auf das Bild vom Samenkorn zurück. Wir wollen diesen Abschnitt noch anfügen, weil er zeigt, wie der Symbolgehalt des Bildes in der *Christrose* und in der *Osterglocke* weitergeführt wird.

S: Wenn ich Sie neulich in unserem Gespräch gut verstanden habe, dann haben Sie mir etwas von Ihrer Hoffnung gesagt. Sie sprachen von dem Samen, aus dem eine schöne Blume wird.

P: O ja (richtet sich auf). Sehen Sie, da sind viele Samenkörner, scheinbar alle gleich, und dann werden da so viele verschiedene Blumen draus, und alle haben andere Formen und Farben. Das ist wunderbar.

S: Ja, und darüber müssen Sie sich wundern und staunen.

P: Ja, oder eine Christrose. Kennen Sie Christrosen?

S: Ja.

P: Aber so im Garten?

S: Nein, ich habe sie immer nur im Blumentopf gesehen.

P: (ein bißchen mitleidig lächelnd) Ja, aber im Garten, da blüht sie unter dem Schnee. Mitten im Winter. Wenn man ihn wegtut, dann ist sie da. Oder die Schneeglöckchen und auch die Osterglocken, die kommen, immer sind sie da, wenn es so weit ist.

S: Sie staunen über die Blumen, die zu ihrer Zeit immer gerade das tun, was sie tun müssen.

P: Ja – *diese* Kraft, die da drin ist . . .

„Ich bin müde, so müde"

Der Seelsorger an der Grenze

Das folgende Gespräch führt ein Seelsorger mit einer etwa 60jährigen Frau, die an Darmkrebs leidet und einen künstlichen Darmausgang hat. Ihr Mann und ihre Schwester sind zwei Jahre zuvor an Krebs gestorben. Die Frau liegt allein in einem Zimmer. Das Zimmer ist erfüllt von einem starken, unangenehmen Geruch. Auf der Station gilt die Patientin als störrisch. Niemand geht mehr gern zu ihr herein. Niemand spricht mehr mit ihr. Dem Seelsorger wird bedeutet: es habe ja doch keinen Sinn, sich mit dieser Patientin zu befassen.

Vier Tage vor diesem Besuch hatte der Seelsorger bereits ein kurzes, erstes Kontaktgespräch mit ihr gehabt, das durch Besucher unterbrochen worden war. Schon da fiel dem Seelsorger auf, daß die Patientin langsam, leise und leidend spricht. Das protokollierte Gespräch ist überdies gekennzeichnet von sehr langen Pausen. Es dauert über eine halbe Stunde!

S 1: Guten Tag, Frau X.
P 1: Guten Tag, Herr Pastor.
P 2: Heute sind Sie allein. Darf ich mich zu Ihnen setzen?
P 2: Ja, setzen Sie sich nur ans Bett. – Kennen Sie Pastor Y? Der hat viel zu tun. Der hat eine Doppelgemeinde in Z. Ich kenne ihn, aber er hat keine Zeit. Sie haben auch viel zu tun und kommen zu mir.
S 3: Ich möchte Sie gern besuchen. Ich bin hier im Krankenhaus für die Patienten da. — Wie fühlen Sie sich?
P 3: Schlecht! – (langes Schweigen) – Mal so, mal so. — Heute geht es.
S 4: Ihre Krankheit macht Ihnen zu schaffen.
P 4: Ja, ich kann kaum sprechen. Mein Mund ist so trocken. (Schließt die Augen, als wolle sie schlafen.) Meine Angehörigen kennen das. Sie kommen nur, um etwas für mich zu besorgen. Sonst sitzen sie ruhig da. Das ist gut.
S 5: Störe ich Sie?

P 5: Nein. Sie stören nicht. — (Sie legt sich wieder zurück und schließt die Augen. Nach einer langen Zeit spricht sie wieder:) Es ist so schön ruhig bei Ihnen. — Wie bei meinem Sohn. Der kommt manchmal, häufig am Wochenende aus A. Dann sitzt er ganz ruhig am Bett und sagt nichts.

S 6: Das hilft Ihnen in Ihrem Leid.

P 6: Ja, ich habe es schwer (Legt sich wieder zurück und ist ganz ruhig.)

S 7: Ihr Leid belastet Sie.

P 7: Ich bin müde, so müde.

S 8: Sie möchten am liebsten den ganzen Tag und die ganze Nacht noch dazu schlafen.

P 8: Ja, aber das geht nicht. — Ich werde doch dauernd gestört. Ich muß ja auch was essen und die Medikamente nehmen. Man kann nicht immer schlafen (dabei schließt sie wieder die Augen und legt sich tiefer ins Kissen zurück.)

S 9: (möchte nicht stören und schweigt ebenfalls. Nach einer langen Zeit:) Frau X, darf ich Sie wieder besuchen?

P 9: Ja, wenn es mir nicht so schlecht geht.

S 10: Auf Wiedersehn, Frau X. Ich komme in einigen Tagen wieder zu Ihnen.

P 10: Ja, ja.

Der Seelsorger konnte ihr keine Hand geben. Die Patientin hielt die Hände an sich gedrückt und unter der Bettdecke versteckt. Der Seelsorger hat das Gefühl: sie hat sich ganz eingeschlossen.

Der Seelsorger brachte dies Protokoll in großer Hilf- und Ratlosigkeit in die Gruppe. Er wußte nicht, wie er zu dieser Frau Kontakt bekommen sollte. Er hatte das Gefühl, daß sie jeden Kontakt abwehrte. Er konnte es gut verstehen, daß Ärzte und Schwestern ihre Versuche, mit der Frau zu sprechen, aufgegeben hatten. Und doch ließ ihn das Gefühl nicht los, daß diese Frau ihn nötig hatte. Wie aber sollte er sich ihr gegenüber verhalten?

Mit dieser Frage begann die Gruppe die Gesprächsanalyse. Der Seelsorger begrüßt die Frau, und sie erwidert den Gruß mit Anrede: „Guten Tag, Herr Pastor." Der Seelsorger knüpft indirekt an seinen vorigen Besuch an und fragt — ein wenig unsicher, ob die Patientin den Kontakt wünscht —, ob er sich zu ihr setzen dürfe. Die Frau lädt ihn ein, sich „ans Bett" zu setzen. Nach einer Schweigeminute fragt sie den Pfarrer: „Kennen Sie Pastor B.?“ Sie wartet seine Antwort nicht ab, sondern erzählt: „Der hat viel zu tun ... Ich kenne ihn, aber er hat keine Zeit.“ Dann springt sie unversehens auf den Seelsorger über: „Sie haben auch viel zu tun und kommen zu mir.“ Man hat den Eindruck, daß dies kein unverbindliches Geplauder ist. Diese Patientin spricht nur sehr wenig, und was sie sagt, ist von Bedeutung. Aber welche Bedeutung haben diese ihre Worte zu Beginn? Sie kennt Pastor B. *Aber* er hat keine Zeit. Auch dieser Pastor hat viel zu tun und kommt zu mir. Dahinter steht unausgesprochen die Frage: „Haben Sie wohl Zeit für mich?“ Die Frau signalisiert dem Pfarrer, daß sie viel, sehr viel Zeit brauche. Ob dieser Pastor sie aufbringt?

Dies Signal hat der Seelsorger nicht verstanden. Wohl hatte er den Eindruck, daß er der Patientin nicht unwillkommen war. Er teilt ihr mit, daß er sie „gern besuchen möchte“ und daß er hier im Krankenhaus für die Patienten „da sei“. Dann erkundigt er sich: „Wie fühlen Sie sich?“ Die Gruppe machte ihn darauf aufmerksam, daß sich diese Frage ziemlich „direkt“ anhöre, sie sei unter Umständen bedrängend im Gegensatz zu dem unverbindlicheren „Wie geht es Ihnen“. Der Seelsorger gab zu, daß er allerdings alle Umschweife zu vermeiden trachte, deshalb habe er die Frau ziemlich direkt nach ihren Gefühlen gefragt.

Die Antwort ist sehr kurz. „Schlecht!“ Sie ist so kurz, daß sie kein weiteres Nachfragen zuläßt. Und so entsteht eine lange Gesprächspause. Sie wird schließlich von der Patientin unterbrochen: „Mal so, mal so.“ Mit diesen Worten relativiert sie ein wenig jenes absolute „Schlecht“. Wieder entsteht eine Pause. Dann sagt sie: „Heute geht es.“ Damit nimmt sie das abweisende „Schlecht“ zurück. Es ist keine Frage, daß es sich hier um einen Kommunikationsvorgang handelt. Auf das etwas drängende: „Wie fühlen Sie sich?“ des Seelsorgers erfolgt ein Sich-Zurückziehen der Patientin. Aber dann gibt der Seelsorger zu erkennen, daß er Zeit hat. Er hält zwei Pausen aus, ohne sie zu unterbrechen. Und dies ermöglicht der Frau, in zwei Schritten wieder aus ihrer Reserve herauszutreten. Der Seelsorger erlebt die Worte: „Heute geht es“ im Ton wie: „Ich bin ganz froh, daß Sie da sind.“ Freilich reagiert er dann (S 4) auf das „Schlecht" — er hat nicht ganz verstanden, daß dies Wort in erster Linie die Funktion der Abwehr hatte. Er möchte gern, daß die Frau über ihre Krankheit spricht: er möchte ihr ja helfen. „Ihre Krankheit macht Ihnen zu schaffen."

Wie antwortet die Frau darauf: „Ja, ich kann kaum sprechen. Mein Mund ist so trocken." Dann schließt sie die Augen, als wolle sie schlafen. Dies ist keine Antwort auf die Frage des Seelsorgers. Der Seelsorger lädt sie ein, über ihre Krankheit zu sprechen. Sie aber sagt darauf: „Ich kann kaum sprechen. Mein Mund ist so trocken." Dann schließt sie die Augen. Sie möchte nicht weiter angeredet werden.

Spätestens in diesem Augenblick hätte der Seelsorger hellhörig werden müssen. Der ganze Eindruck, den die Patientin auf ihn macht: ihr regungsloses Daliegen, ihr langsames, monotones Sprechen, und nun der Hinweis, daß sie kaum sprechen kann und einen trockenen Mund hat! Das ist das Bild einer depressiven Patientin. Elisabeth Kübler-Ross hat darauf hingewiesen, daß die „tiefe Depression" eine Phase in dem Prozeß des Sterbens ist.

Nach einer Weile spricht die Frau weiter. Sie sagt: „Meine Angehörigen kennen das. Sie kommen nur, um etwas für mich zu besorgen. Sonst sitzen sie ruhig da. Das ist gut" (P 4). Der Seelsorger berichtet, daß er an dieser Stelle völlig irritiert gewesen sei. Er habe den Eindruck, er würde hinauskomplimentiert. So ist dann auch seine Reaktion zu verstehen: „Störe ich Sie?" (S 5) Aber nein, er stört keineswegs (P 5). Was aber will die Frau dann, wenn sie auf ihre Angehörigen zu sprechen kommt? Sie will ein *Bedürfnis* zum Ausdruck bringen, und zwar gegenüber diesem Seelsorger. Sie möchte, daß er sich auch so ruhig verhält. „Das ist gut." Und daß er ihren Wunsch akzeptiert: meine Angehörigen kennen das — bitte, akzeptiere du das auch so! Doch das konnte der Seelsorger nicht verstehen. *Er* ist irritiert (nicht die Frau!): „Störe ich Sie?" Die Frau verneint das ausdrücklich. Dann legt sie sich wieder zurück und schließt die Augen. Es folgt ein sehr langes Schweigen, bis sie sagt: „Es ist so schön ruhig bei Ihnen" — was der Seelsorger als Widerspruch gegen seine eigene Aktivität empfindet, die sich natürlich auf irgendeine Weise entfalten will — „Wie bei meinem Sohn . . ." — auch dieser Vergleich trägt nicht gerade zum Wohlbefinden des Seelsorgers bei. Aber er versucht zu verstehen. Ruhig und einfühlsam sagt er: „Das hilft Ihnen in Ihrem Leid“ (S 6). Die Antwort lautet: „Ja, ich habe es schwer“ (P 6). Eine merkwürdige „Antwort“. Sie sagt nur, daß sie es schwer hat. Die *Hilfe* bejaht sie nicht. Aber genau das ist der depressiven Patientin auch nicht möglich: ihr ist nicht einmal die Aktivität möglich, etwas als Hilfe zu ergreifen oder zu begreifen!

Das „Ja, ich habe es schwer“ ruft wieder die Aktivität des Seelsorgers ab. Er fühlt sich aufgerufen zu helfen — und doch signalisiert die Frau dauernd, daß es für sie gut sei, wenn er ruhig bliebe. Er gerät in einen Konflikt mit seinem eigenen Bedürfnis, zu helfen. Er versucht einen neuen Anlauf: „Ihr Leid belastet Sie“ (S 7). Die Patientin: „Ich bin müde, so müde“ (P 7). Der Seelsorger berichtet der Gruppe, daß auch er selber sich von dieser Last niedergedrückt gefühlt habe — was wiederum seinen Wunsch, aktiv zu werden und zu helfen, verstärkte! Er versucht, weiter auf die Patientin einzugehen. Aus dem „Ich bin müde, so müde“ meint er herauszuhören, daß die Frau den Wunsch hat, zu sterben. In dem folgenden Satz wollte er ihr signalisieren, daß er sie so verstanden habe: „Sie möchten am liebsten den ganzen Tag und die Nacht noch dazu schlafen“ (S 8). Hier reagiert die Frau für den Seelsorger im ersten Augenblick überraschend. Sie antwortet spontan, laut, und ihr Tonfall wird aggressiv: „Ja, aber das geht nicht. Ich werde doch dauernd gestört.“ Dann erwachen gleichsam ihre Lebensgeister ein wenig: „Und ich muß ja auch was essen und die Medikamente nehmen.“ Und schließlich sagt sie, wenn auch verschlüsselt, daß sie keineswegs sterben will: „Man (= ich) kann (= will) nicht *immer* (!) schlafen.“ Das zeigt, daß sie sehr wohl verstanden hat, was der Seelsorger ihr da „unterschieben“ wollte. Sie wehrt sich dagegen, um danach wieder tief in ihr Kissen zurückzusinken und die Augen zu schließen. Der Seelsorger nimmt dies als ein Signal: Jetzt reicht es. Er läßt eine lange Zeit verstreichen, ehe er es wagt, die Frau wieder anzureden: „Frau X, darf ich Sie wieder besuchen?“ (S 9) „Ja“, antwortet sie, „wenn es mir nicht so schlecht geht“ (oben hatte sie noch gesagt: heute geht es!). Der Seelsorger kann der Frau die Hand nicht geben. Ihre Hände liegen regungslos, eng an den

Leib gedrückt, unter der Bettdecke. Er verabschiedet sich: „Auf Wiedersehn, Frau X. Ich komme in einigen Tagen wieder zu Ihnen“ (S 10) — und er ist überrascht von der Reaktion der Frau, die darauf ein doppeltes, zustimmendes „Ja“ sagt.

In dieser Gesprächsanalyse lernte der Seelsorger die Patientin verstehen. Er begriff auch, warum die Patientin auf ihrer Station in eine fast völlige Isolierung geraten war (er beobachtete einmal sogar, daß man sie beim Bettenmachen einfach überging). In einem Krankenhaus ist jeder Beruf auf Aktivität und Helfen eingestellt. Die Frau aber wies jede Hilfeleistung, jede Ermunterung zu eigener Aktivität, strikt zurück. Dadurch aber verlieren Schwestern und Ärzte ihre Funktion. Sie können ihre Rolle nicht mehr spielen. Diese Frustration ist ihnen unerträglich — und darum meiden sie denjenigen, der ihnen eine derartige Frustration zufügt. In dieselbe Gefahr geriet auch der Seelsorger. Aber er lernte, sein Bedürfnis, zu helfen, zu hinterfragen. Und er entdeckte, daß sein Dabeibleiben, ohne daß die Frau sich in irgendeiner Weise beansprucht fühlte, für sie die augenblicklich beste Hilfe war.

Trauerarbeit am Sterbebett

Die Seelsorgerin hat den Patienten schon mehrfach besucht. Es handelt sich um einen 60jährigen Mann, der zuckerkrank ist und sich einer Operation der Bauchspeicheldrüse unterziehen muß. Sie lernt auch dessen Frau kennen, die in einem Gespräch äußert: „Ich habe meinen Glauben, auch wenn ich nicht mehr so oft zur Kirche gehe." Die Seelsorgerin spricht bei ihren Besuchen im Krankenzimmer ein Gebet oder den Segen. Das aufgezeichnete Gespräch stammt von einem Besuch, der am 4. Tage nach der Operation stattfindet. Der Patient ist sehr schwach und wacht nur selten aus seinem Halbschlummer auf. Seine Frau (F) ist bei ihm.

S 1: Guten Tag, Frau D., guten Tag, Herr D.
F 1: Guten Tag! Ach bitte, setzen Sie sich doch hierher.
S 2: Danke sehr. (Zu P:) Wie geht es Ihnen heute?
P 1: murmelt etwas Unverständliches.
S 3: Wir haben uns zwei Tage nicht gesehen. Die ersten drei Tage haben Sie nun schon hinter sich gebracht.
F 2: Meine Tochter ist gerade hinausgegangen.
S 4: Nach unten? Oder ist sie schon abgereist?
F 3: Sie ist abgeflogen. Ich bin allein.
S 5: Nur Sie beide sind beieinander.
F 4: Sie muß ja wieder arbeiten und kann nicht so lange bleiben. Ich dachte ja zuerst auch, es dauert nur ein paar Tage (das sagt sie flüsternd). Jetzt muß ich in die Stadt und mir etwas besorgen. Ich will auch zur Wäscherei und die Sachen meines Mannes hinbringen. Aber da geht gleich ein halber Nachmittag drauf.
S 6: Können Sie nicht gleich des Morgens bei der Wäscherei vorbeigehen?
F 5: Nein. Ich komme an keiner Wäscherei vorbei. Da muß ich erst mit der Straßenbahn fahren ... (Es folgt ein längeres Gespräch über das „Wäscheproblem". Die Seelsorgerin

macht noch einige vergebliche Lösungsangebote. Sie versteht F nicht).

(Lücke)

F 6: Im Kriege. Mein Vater war weg und der Älteste und der Jüngste. Der Zweite war schon vermißt. Da war meine Mutter bei uns zu Besuch. Und in der Nacht hat sie im Schlaf laut geweint. Ich schlief mit meinem Mann im andern Zimmer und bin hin: „Mutter, was ist dir? Was hast du geträumt?" – „Ach, es war schrecklich. Ich habe mich im Schlaf weinen hören. Da lag er am Boden. Rings um ihn lauter Soldaten. Die schlugen auf ihn ein. Und ich wollte ihm helfen und konnte nicht durch die Soldaten." – „Ach, sagte ich, beruhige dich. Gestern haben wir noch Nachricht von ihm gehabt." – Dann ist meine Mutter heimgefahren. Und nach drei Tagen ruft sie mich an: „Ich hab genau dasselbe noch einmal geträumt." Ich sage: „Gräme dich doch nicht. Träume sind Schäume." Und dann warteten wir: Zwei Tage, drei Tage, vier Tage, eine Woche, zwei Wochen, drei, vier Wochen: nichts mehr gehört! Nach einem Vierteljahr kam ein Schreiben von der Division: Am 27./28. war er von den Russen eingeschlossen und niedergeschlagen worden. Genauso, wie sie es geträumt hatte. Ist das nicht merkwürdig?

S 7: Ja, das ist Telepathie. Über Entfernungen hin leidet man mit dem anderen mit.

F 7: Später sind die Kameraden zurückgekommen, und einer hat gesagt: Ich habe Ihren Sohn mit begraben. Sie können sicher sein, dies sind doch seine Sachen! – Ich glaube, daß das Leben bleibt!

S 8: Ja, das glaube ich auch.

F 8: Meinen Großvater, den habe ich mehr geliebt als meinen Vater. Ich war halt sein Augapfel. Zu Hause habe ich alle Bilder von den Eltern und Großeltern aufgehängt. Wenn ich manchmal hingucke, sage ich: Wir sehen uns alle wieder!

S 9: Ja, wenn jeder von uns ein Gedanke Gottes ist, dann verliert Gott keinen von uns. Dann sind wir ihm alle und auch untereinander ganz nah.

(Lücke)

F 9: Und die Kinder. Die wollte ich als Christen erziehen. Als sie klein waren, da liefen sie immer von selbst in die Kirche. Ich brauchte gar nichts zu sagen. Heute ist das anders. (Flüsternd:) Es gefällt mir nicht alles bei denen, wie es ist. (Wieder lauter:) Aber sie glauben auch! Das habe ich ge-

merkt, als sie hier waren. Meine Tochter hat gesagt: Wir haben gebetet.
(Lücke)

S 10: Haben Sie noch die Karte (eine Spruchkarte), die ich Ihnen gab?

F 10: Ich habe sie in die Tasche gesteckt. (Sie sucht überall, in der Tasche, im Nachttisch, im Schrank.) Papa, hast du die Karte? – Die Schwestern haben sie vielleicht oder meine Tochter. (Obgleich die Seelsorgerin sie zu beruhigen versucht, sucht sie weiter sehr lange in ihrer Tasche. Es dauert sehr lange, bis sie sich wieder hinsetzt.)

S 11: Ich kann Ihnen auch auswendig sagen, was auf der Karte steht. Es ist ein Gebet, das im Jahre 1918 eine Dame im Baltikum, die mit anderen im Gefängnis saß, von denen täglich einige hingerichtet wurden, für sich und die Mitgefangenen gebetet hat: „Weiß ich den Weg auch nicht, du weißt ihn wohl ..."

F 11: Die hat das alles miterlebt!
(Lücke)

F 12: Papa, der Arzt hat gesagt, wir dürfen dich am Freitag nach Hause bringen. Hast du Schmerzen?

P 2: Ne! Das geht vorüber.

F 13: Papa, siehst du die Frau Pastorin?

P 3: Ja.

S 12: Ich würde gern ein Gebet beten, das einer im Gefängnis in Tegel gebetet hat, und das mir selber schon viel geholfen hat.

F 14: Ja bitte.

S 13: „In den Tiefen, die kein Trost erreicht ... Amen."

F 15: (sehr kurz und prompt:) Amen.

S 14: Das Gebet war zu lang, nicht?

F 16: Ja.
(Verabschiedung)

Die Seelsorgerin war mit dem Verlauf des Kontaktes in diesem Krankenzimmer sehr unzufrieden. Für ihr Gefühl war dabei der Patient selbst zu kurz gekommen. Was dessen Frau von ihr eigentlich gewollt hat, hatte sie nicht verstanden. Und schließlich war sie sich selber sehr unsicher, ob ihre helfenden Angebote (die beiden Gebete) wirklich hilfreich gewesen seien. Sie bat deshalb die Gruppe, ihr zu helfen, das Gespräch zu verstehen.

Die Seelsorgerin ist in diesem Krankenzimmer keine Unbekannte. Sie wird sogleich von der Frau des Patienten willkommen geheißen und aufgefordert, sich zu setzen. Angesichts der Tatsache, daß ihr Mann kaum mehr in der Lage ist, an einem Gespräch teilzunehmen, bedeutet das, daß die Frau die Seelsorgerin in Anspruch nehmen möchte.

Der Patient selber erwidert die Begrüßung der Pastorin nicht. Er ist auch nicht in der Lage, auf ihre Frage nach seinem Ergehen Verständliches zu antworten. Die Seelsorgerin möchte ihm (S 3) etwas Hilfreiches sagen. Er hat die ersten drei Tage nach der Operation, die in der Regel die schlimmsten sind, „hinter sich gebracht". Schlimmer kann es nun nicht mehr werden — das ist die Hoffnung der Seelsorgerin, die zwischen diesen Zeilen steht. Der Patient reagiert nicht. Auch seine Frau nimmt dazu keine Stellung. Sie nimmt auch keine Rücksicht darauf, daß die Seelsorgerin sich bemüht, mit ihrem Mann in Kontakt zu kommen. Sie eröffnet ihrerseits ein Gespräch: „Meine Tochter ist gerade hinausgegangen" (F 2). Die Seelsorgerin versteht nicht ganz. Die Frau präzisiert. Sie ist abgeflogen, um dann den Satz zu sagen: „Ich bin allein." Die Reaktion der Pastorin darauf ist eine deutliche Korrektur dieses „Ich bin allein". Sie erwidert: „Nur Sie beide sind beieinander" (S 5). Sie sagt später, sie habe damit versuchen wollen, die Frau aus ihrer Einsamkeit herauszuholen. Sie ist ja gar nicht allein! Wie kommt sie dazu, das in Gegenwart ihres Mannes zu sagen?

Die Frau ihrerseits reagiert darauf, als ob es gar nicht gesagt worden sei (F 4). Sie entschuldigt das Fortgehen ihrer Tochter. „Sie muß ja wieder arbeiten und kann nicht so lange bleiben." Und: „Ich dachte zuerst ja auch, es dauert nur ein paar Tage." Den letzten Satz sagt die flüsternd. Ihr Mann soll ihn nicht hören. Was meint sie mit dem „Es dauert nur ein paar Tage"? Dann spricht sie über etwas, was der Pastorin unverständlich geblieben ist. „Jetzt muß ich in die Stadt und mir etwas besorgen." Im Kontext des Fortgehens der Tochter heißt das nichts anderes, als daß auch sie sich von ihrem Mann entfernen muß. Sie muß sich „etwas" besorgen. Und sie muß die Wäsche ihres Mannes (sie spricht noch davon, wie verschmutzt und blutig sie ist) zur Reinigung bringen. Die Pastorin spürt, daß die Frau sich in einem Konflikt befindet. Einerseits gehört sie jetzt an die Seite ihres Mannes. Andererseits „muß“ sie ihn alleinlassen. Die Pastorin möchte helfen. Sie schlägt vor, dies auf dem morgendlichen Weg zum Krankenhaus zu erledigen. Sie macht noch auf andere Lösungsmöglichkeiten für diesen Konflikt aufmerksam. Sie könnte das Dringendste für die Frau erledigen. Aber unverständlicherweise geht die Frau auf keines der Angebote ein. Sie findet für jedes „Nein“ auch einen plausiblen Grund. Das ist ein Zeichen dafür, daß diese Angebote den eigentlichen Konflikt nicht erreichen. Und der liegt eben in dem Umstand begründet, daß sie an die Seite ihres Mannes gehört — und ihn doch alleine lassen „muß“. Da hilft kein noch so gut gemeinter Ratschlag! Da spielen irrationale Schuldgefühle eine Rolle (warum entschuldigt sie wohl das Fortgehen ihrer Tochter?). Da melden sich Bedürfnisse, für die es rational keine Erklärung gibt: die Reinigung der Kleider des Sterbenden, die mit Blut und Unrat besudelt sind. Da wird auch ein — mühsam unterdrücktes — Stück Ungeduld spürbar: „Ich dachte zuerst ja auch, ‚es!‘ dauert nur ein paar Tage.“

Die Seelsorgerin „versteht“ nicht. Der Faden bricht ab. Sie hat eine Gedächtnislücke! Das Protokoll setzt wieder ein bei einer langen Erzählung der Frau aus der Vergangenheit. Sie berichtet vom Tode ihres Vaters und von den Schreckensträumen ihrer Mutter. Sie berichtet in wörtlicher Rede, also so aktuell wie nur möglich. „Ich wollte ihm helfen und konnte nicht.“ Am eindrucksvollsten war für die Zuhörerin die Schilderung des langen und qualvollen Wartens: „Zwei Tage, drei Tage, vier Tage, eine Woche, zwei Wochen, drei, vier Wochen“ — bis schließlich die Todesnachricht eintrifft und noch später die endgültige Bestätigung durch die Identifikation seiner „Sachen“. Das war so unmittelbar erzählt, daß dic Seelsorgerin sofort das Gefühl hat: Das ist Gegenwart! Die Verbindung zu dem Satz „Ich dachte zuerst ja auch, es dauert nur ein paar Tage“ ist hergestellt, ebenso wie zu dem „Ich bin allein“, das sich die Frau von der Seelsorgerin nicht nehmen läßt. Die Frau ist in der Tat bereits allein. Ihr Mann ist für sie gestorben. Der Rest ist ein qualvolles Warten auf die Bestätigung, daß er tot ist. Schon „muß“ sie seine Kleider zur Reinigung bringen, um die Zeichen des Sterbens beseitigen zu lassen. Das Leben muß wieder in Ordnung kommen.

Die Seelsorgerin spürt mehr dunkel als bewußt, daß die Frau neben ihr mit dieser Erzählung ihre gegenwärtige Situation verarbeitet. Die Psychologen nennen dies „Trauerarbeit". Sie setzt in der Regel (wenn Angehörige ein längeres Kranken- und Sterbelager haben) schon vor dem Eintritt des Todes ein. Die Seelsorgerin reagiert ziemlich hilflos und distanziert: „Ja, das ist Telepathie. Über Entfernungen hin leidet man mit dem anderen mit" (S 7). Doch die Frau ist viel zu sehr bei sich selbst, als daß sie darauf eingehen könnte. Sie spricht weiter. Von ihrem „Glauben": „Ich glaube, daß das Leben bleibt" (F 7), und die Seelsorgerin kann darin einstimmen: „Ja, das glaube ich auch" (S 8). Die Frau fährt fort. Sie spricht über den Großvater, „den habe ich mehr geliebt als meinen Vater", über den sie eben gesprochen hatte! An dem Sterbebett ihres eigenen Mannes ist eine solche Aussage merkwürdig. Liebt sie ihren eigenen Mann denn weniger? Wenn es aber stimmt, was wir in dem vorigen Gesprächsgang entdeckten, daß sie nämlich ihre gegenwärtige Situation in der Gestalt vergangener dramatischer Todesfälle darstellt und dabei über andere, ihr nahe stehende Personen spricht, dann verstehen wir, daß sie auch hier jemanden nennt, der für den Mann an ihrer Seite steht. Noch kann sie ja nicht sagen: „Ich habe meinen Mann mehr geliebt als alles andere." Bestätigt wird das durch die Fortsetzung dieses Satzes. Wenn sie zu Hause alle Bilder der Eltern und Großeltern ansieht, dann sagt sie (und in diesem Augenblick bemerkt die Seelsorgerin, daß sie sich mit innerer Bewegung ihrem Mann zuwendet): „Wir sehen uns alle wieder!" Das heißt, sie sagt dies in diesem Augenblick zu ihrem eigenen sterbenden Mann.

Aus der Reaktion der Pastorin wird die Verlegenheit sichtbar, in die sie auf Grund dieser Aussage gerät. Das „Wiedersehen nach dem Tode" ist für Theologen ein Reizwort. Wo bleibt da die Auferstehung und das Gericht, wo bleibt da Gott? Das theologische Gewissen beginnt zu schlagen. „Ja, wenn jeder von uns ein Gedanke Gottes ist, dann verliert Gott keinen von uns. Dann sind wir ihm alle und auch untereinander ganz nah" (S 9). Die Seelsorgerin sagt später, sie habe an dieser Stelle eine Korrektur der Aussage der Frau vornehmen wollen. Sie habe Gott ins Spiel bringen wollen. Das war *ihr* Bedürfnis als Theologin. Während das Bedürfnis der Frau in diesem Augenblick ein ganz anderes war. *Sie* hatte sich und ihrem Mann sagen wollen, daß sein Tod nur eine vorübergehende Trennung bedeutet. Sie hatte sagen wollen: „Wir bleiben zusammen." Beide haben recht. Wer will der Frau in diesem Augenblick diesen Wunsch und diese Hoffnung ausreden? Wer versteht nicht ihre Zuwendung zu ihrem Mann? Aber auch die Theologin hat recht. Sie sagt einen schönen theologischen Satz (freilich mit einem etwas einschränkenden: „wenn — dann"). Und weil sie beide recht haben, geht an dieser Stelle ihr Weg auseinander. Wieder bricht die Kommunikation ab. Die Gedächtnislücke der Pastorin ist der Beweis dafür.

Als nächstes erinnert sich die Seelsorgerin eines Stückes Fazit, das die Frau im Blick auf die Erziehung ihrer Kinder zieht (F 9). Auch dies ist im Kontext der Trauer- und Sterbearbeit zu verstehen. Soll und Haben werden gegeneinander aufgewogen. Schließlich überwiegt das Haben: „Aber sie glauben auch! Das habe ich gemerkt, als sie hier waren. Meine Tochter hat gesagt: Wir haben gebetet." Das ist für die Frau in diesem Augenblick das Wichtigste.

Wieder hat die Seelsorgerin eine Gedächtnislücke. Ist sie vielleicht ein wenig skeptisch im Blick auf den Glauben der Kinder? Offenbar halten sie sich ja nicht mehr so zur Kirche wie früher. Jedenfalls ergreift sie jetzt die Initiative. Sie hatte bei ihrem letzten Besuch eine Spruchkarte hinterlassen. Ob die Frau diese noch hat? Sie möchte nämlich mit der Frau über das, was auf der Karte steht, sprechen. Sie fühlt sich der Situation in diesem Zimmer so hilflos ausgeliefert, daß sie selber etwas „Festes" in der Hand haben möchte. Aber sie bereut sofort ihre Nachfrage, denn nun fängt die Frau vergeblich überall an zu suchen. Alle Beschwichtigungsversuche helfen nicht. Offenbar fühlt sie sich schuldig, daß sie das, was die Pastorin ihr gab, nicht mehr zur Hand hat. Sogar den Mann spricht sie an: „Papa, hast Du die Karte?" Die Seelsorgerin sagt dann den Text des Gebets auf, aber während sie ihn spricht, hat sie das Gefühl von sich vergrößernder Distanz. Schon die Einleitung („ich wollte die beiden mit dem Gebet nicht vereinnahmen") schafft Distanz: „Es ist ein Gebet, das im Jahr 1918 (zeitliche Distanz) eine Dame (persönliche Distanz) im Baltikum (räumliche Distanz), die mit anderen im Gefängnis saß (Distanz zur Situation) . . . gebetet hat“ (S 11). Die Seelsorgerin erkennt jetzt, daß sie sich mit dem Gebet aus dem Kontakt herauszieht. „Ich wollte etwas Fremdes nahebringen, aber es wurde nur noch fremder.“ So ist es offensichtlich auch von der Frau erlebt worden. „Die (!) hat das alles miterlebt.“ Sie hat das Gebet nicht zu ihrem eigenen machen können. Wieder ist der Kontakt unterbrochen. Die Seelsorgerin denkt daran, daß sie sich verabschieden möchte. Aber sie fühlt einen Druck auf sich lasten. Sie fürchtet, daß sie den Sterbenden zum letzten Male sieht und sie hat das Gefühl, daß sie ihm etwas schuldig geblieben ist.

Da kommt ihr zum Schluß die Frau zu Hilfe. Sie redet ihren Mann an und versucht, ihm etwas Tröstliches zu sagen: „Der Arzt hat gesagt, wir dürfen Dich am Freitag nach Hause bringen“ (woran bei dem Zustand natürlich nicht zu denken ist). Dann fragt sie: „Hast Du Schmerzen?“ Er antwortet kurz und durchaus doppelsinnig: „Ne. Das geht vorüber.“ Und jetzt stellt sie den Kontakt zwischen ihm und der Seelsorgerin her: „Papa, siehst Du die Frau Pastorin?“ Er bejaht dies. Die Seelsorgerin sagt: „Ich würde gern ein Gebet beten, das einer im Gefängnis in Tegel gebetet hat und das mir selber schon viel geholfen hat . . .“ (S 12). Sie sagt im Rückblick dazu: „Ich war ratlos. Ich hatte keine Kraft mehr, selber etwas zu formulieren. Ich brauchte das Gebet mehr für mich selber. Ich merkte, daß ich ihn nicht erreichte: „In den Tiefen, die kein Trost erreicht . . .“

Das „Amen“ der Frau kam prompt und kurz, fast aufatmend, im Sinne von „Jetzt ist endlich Schluß“, so daß die Seelsorgerin verunsichert fragt: „Das Gebet war zu lang, nicht?“, womit sie, wie sie sagt, aber nicht nur das Gebet meint. Sie bringt damit ihr Gefühl zum Ausdruck, daß der „Kontakt zu dünn“ war. Die Frau bejaht dies, und unglücklich verläßt die Seelsorgerin das Zimmer. Es bedeutet ihr viel, daß die Gruppe, der sie das Gespräch vorlegte, ihr nicht nur half, zu verstehen, was sich in dem Gespräch abgespielt hatte, sondern daß ihre Kollegen sie auch selber in ihrer Hilflosigkeit verstanden und akzeptiert haben.

Der Seelsorger als Vermittler

Der Seelsorger wird spät abends telephonisch zu einem Patienten gerufen. Die Nachtschwester gibt die Auskunft, es sei wohl nicht zu erwarten, daß der Patient noch in der Nacht sterben würde, aber er habe entschieden darauf bestanden, daß ein Pfarrer käme.

Dem Seelsorger ist der Patient bekannt. Es sind zwei Besuche vorangegangen. Beim letzten Besuch, der drei Wochen zurückliegt, hatte der Patient ihm gesagt: „Es geht mir schlecht ... Geben Sie sich mit mir keine Mühe."

Es handelt sich um einen 62jährigen Mann, der sich ein Jahr zuvor einer Krebsoperation hatte unterziehen müssen. Er atmet flach und sehr schnell und ist darum nicht sehr gut zu verstehen.

Der Seelsorger betritt das Zimmer.

S 1: Guten Abend, Herr R.
P 1: Sie kennen mich.
S 2: Ja, wir kennen uns.

Die Schwester des Patienten kommt mit ins Zimmer; sie bietet mir einen Stuhl an und stellt sich ans Fußende des Bettes. „Es ist wohl so ein seelisches Tief." Ich bitte sie, uns allein zu lassen.

P 2: Ich brauche Ihren Beistand, Ihren Beistand, Ihren intensiven Beistand. Und stehen Sie auch meiner Frau bei. Tun Sie das.
S 3: Ja, das werde ich tun.
(Der Patient legt das Sauerstoffgerät ab.)
S 4: Sie haben das Gefühl, an Ihr Ende gekommen zu sein.
P 3: Ja, ich habe das Gefühl. Und wenn man das fühlt, dann ist es wohl auch so. Ich weiß nicht, vielleicht schaff ich's ja noch.
Ich war aus der Kirche ausgetreten. Aber ich bin wieder eingetreten. Ich war sehr religiös: Baptist. Dann bin ich ausge-

treten. Aber jetzt bin ich wieder eingetreten — durch meine Frau. Darüber bin ich sehr glücklich. Ich bin wieder eingetreten, Sie können meine Frau fragen. Ich bin jetzt wieder eingetreten, Sie können meine Frau fragen.

S 5: Ich glaube Ihnen, Herr R.

P 4: Sagen Sie meiner Frau, daß ich sie sehr liebe, daß ich sie immer geliebt habe. Und wenn ich sie verletzt habe, dann ... ach nein, dann soll sie mir vergeben. Sagen Sie ihr das.

S 6: Ja, das sage ich ihr.

S 7: Haben Sie Angst vor dem Sterben?

P 5: Angst. Wovor?

S 8: Angst vor dem Tod.

P 6: Nein.
Ich kann nicht mehr, ich bin am Ende.

S 9: Herr R., soll ich Ihnen einen Psalm vorlesen?

P 7: Ja (lächelt) „mir wird nichts mangeln".

S 10: Ja, ich hole mein Buch.

S 11: Herr, du erforschest mich und kennst mich. Ich sitze oder stehe auf, so weißt du es, du verstehst meine Gedanken von ferne. Ich gehe oder liege, so bist du um mich und siehst alle meine Wege.
Es ist kein Wort auf meiner Zunge,
das du nicht kenntest.
Von allen Seiten umgibst du mich
und hältst deine Hand über mir.
Das ist wunderbar, unbegreiflich,
zu hoch für meine Gedanken.
Wohin soll ich gehen vor deinem Geist?
Steige ich empor zum Himmel, so bist du da,
bette ich mich bei den Toten, so bist du auch dort.
Nehme ich Flügel der Morgenröte
und bleibe am äußersten Meer,
so wird mich deine Hand auch dort finden
und deine Rechte mich halten.

P 8: Genug, genug. Nun habe ich meinen Seelenfrieden. (Sieht zum Seelsorger herüber) Das ist auch genug. Das reicht auch.

S 12: Ja, das ist genug.

S 13: Möchten Sie, daß ich bei Ihnen bleibe?
(Man hört ein Taxi vorfahren.)

P 9: Meine Familie ist jetzt gekommen.

S 14: Ja.
Der Herr segne Sie und behüte Sie,

der Herr lasse leuchten sein Angesicht über Ihnen
und gebe Ihnen Gnade,
der Herr erhebe sein Angesicht auf Sie
und gebe Ihnen Frieden.
Amen

P 10: Amen, amen, amen.
Und sagen Sie meiner Frau ...

S 15: Ja, ich sage es ihr.
Soll nur Ihre Frau kommen?

P 11: Nein, meine Schwester auch.

S 16: Ja. Auf Wiedersehen.

P 12: Auf Wiedersehen.

Der Anfang des Gesprächs zeigt, wie wichtig für den sterbenden Mann der schon bestehende Kontakt zu dem Seelsorger ist. Das ist um so überraschender, als er diesen drei Wochen zuvor mehr oder weniger abgewiesen hatte: „Geben Sie sich mit mir keine Mühe." Der Seelsorger redet ihn mit seinem Namen an: „Guten Abend, Herr R." Dieser antwortet ruhig und keineswegs in einem fragenden Tonfall: „Sie kennen mich." Natürlich kann von einem tieferen „Kennen" keine Rede sein. Es hat zweimal einen flüchtigen Kontakt gegeben. Aber der Seelsorger nennt *seinen Namen.* Der Mann kann vertrauen, daß er ihm kein Fremder, kein Ferner ist. „Sie kennen mich." Und der Seelsorger bestätigt ihm ebenso ruhig: „Ja, wir kennen uns." Auf dieser Basis können beide in dieser kritischen Situation miteinander umgehen.

Jetzt gibt es eine Störung. Die Schwester des Patienten betritt das Zimmer. Sie scheint dort zu „regieren": sie bietet dem Pfarrer einen Stuhl an, selber stellt sie sich an das Fußende des Bettes, wo sie alles überschauen kann. Sie versucht auch, das Gespräch zu bestimmen, indem sie eine Diagnose stellt: „Es ist wohl (nur!) so ein seelisches Tief." Der Seelsorger befürchtet, daß der Patient unter ihren Augen kaum eine Chance hätte, das auszusprechen, was ihn tatsächlich bewegt. Der Kontakt, der gleich zu Beginn zwischen ihm und dem Patienten geschlossen worden ist, gibt ihm den Mut, sie zu bitten, ihn mit dem Bruder alleinzulassen.

Jetzt stößt der Patient mit mehrfachen Wiederholungen (wegen des mühsamen Atmens, aber sicher auch wegen der Dringlichkeit, die keinen Aufschub duldet) hervor: „Ich brauche Ihren Beistand ... Und stehen Sie auch meiner Frau bei. Tun Sie das!" Das löst bei dem Seelsorger, wie er später berichtet, einen Schrecken aus. Was wird da von ihm erwartet! Der Patient schaut ihn an, voller Erwartung. So antwortet er: „Ja, das werde ich tun" (S 3).

Daraufhin legt der Mann das Sauerstoffgerät, mit dem er sich Atemerleichterung schafft, beiseite. In diesem Augenblick stört die Apparatur nur. Das, was er zu sagen hat, ist jetzt wichtiger. Der Seelsorger versucht, ihm zu helfen, indem er ihm zu sagen versucht, was er aus der dringenden Bitte um Beistand herausgehört hat: „Sie haben das Gefühl, an Ihr Ende gekommen zu sein" (S 4). (Wäre die Schwester des Patienten noch im Zimmer gewesen, wäre sie an dieser Stelle mit Sicherheit dazwischengefahren!) Der Patient fühlt sich von dem Seelsorger verstanden. Er bestätigt: „Ja, ich habe das Gefühl. Und wenn man das fühlt, dann ist es wohl auch so. Ich weiß nicht, vielleicht schaffe ich's ja noch" (P 3). So lange wie ein Mensch noch lebt, ist die Hoffnung, leben zu dürfen, nicht erloschen. Diese Hoffnung begleitet sogar das bestimmte „Wissen", daß das Ende nahe ist, wie bei diesem Mann.

Jetzt folgt eine auf den ersten Blick merkwürdige Passage. Der Patient spricht darüber, daß er aus der Kirche ausgetreten war. Dann ist er wieder eingetreten — offenbar von seiner Frau veranlaßt. Es ist ihm sehr wichtig, dies auszusprechen — er wiederholt es dreimal und ruft seine Frau als Zeugin dafür an —, daß er wieder eingetreten ist.

Die Gruppe, die über dies Gespräch diskutierte, hielt sich lange dabei auf, was wohl hinter diesen Ausführungen steckte. Es bleibt ja manches unklar. Ist er aus der Landeskirche ausgetreten, weil er zu den Baptisten übertrat? Oder hat er die Gemeinschaft der Baptisten verlassen, um auf Betreiben seiner Frau in die Landeskirche einzutreten? Was war denn seine eigene Motivation für den Kircheneintritt? Etwa die kirchliche Trauung? Stecken Schuldgefühle dahinter?

Aber diese Fragen waren mehr von dem Interesse der Pastoren bestimmt, für die Kirchenaustritte etwas Bedrohliches darstellen und die Wiedereintritten (vor allem auf Betreiben Dritter) mißtrauisch gegenüberstehen. Wir können vermuten, daß es dem sterbenden Mann um alles andere, nur nicht um Formalitäten geht. Zunächst geht es ihm sicher um seine Beziehung zu diesem Pastor, der an seinem Bett sitzt. Denn *zu ihm* sagt er, daß er sehr glücklich darüber sei (er sagt dies auch mit nachdrücklicher Betonung), daß er wieder eingetreten ist. Das liegt dann auf derselben Ebene wie die Aussage: „Sie kennen mich." Aber dann hat in dieser Situation „Kirche" sicher auch einen anderen, umfassenderen Inhalt als die Institution, die eine Körperschaft öffentlichen Rechtes ist. „Ich gehöre zur Kirche" zielt ab auf einen Raum, der Geborgenheit vermittelt und Sinn verheißt, in dem das eigene, begrenzte, individuelle Geschick aufgehoben ist. „Darüber bin ich sehr glücklich."

Die Betonung, wieder in die Kirche eingetreten zu sein, ist so dringlich, daß der Seelsorger sich genötigt fühlt, dem Mann auch eine ausdrückliche Bestätigung zu geben: „Ich glaube Ihnen, Herr R." Wieder die Anrede des Mannes mit Namen; der Seelsorger möchte, daß seine Bestätigung ihn auch wirklich erreicht. Offensichtlich ist dieser davon befriedigt.

Er fährt mit einem weiteren Anliegen fort. „Sagen Sie meiner Frau, daß ich sie sehr liebe, daß ich sie immer geliebt habe. Und wenn ich sie verletzt habe, dann (das Folgende ist unverständlich) . . . ach nein, dann soll sie mir vergeben. Sagen Sie ihr das" (P 4).

Warum soll der Pastor seiner Frau das sagen? Sie ist in diesem Augenblick (ebenfalls auf Bitten des Patienten) auf dem Weg zum Krankenhaus und kann jeden Augenblick eintreffen. Er kann es ihr doch selber sagen?

Offenbar liegt dem sterbenden Mann — ähnlich wie bei der ausdrücklichen Bestätigung, daß er zur Kirche gehört — an der Confirmatio, an der „Befestigung" durch den Pastor. *Er* soll es seiner Frau sagen. Er ist in diesem Augenblick so etwas wie ein Brückenbauer (Pontifex) zwischen seiner Frau und ihm. Er weiß, daß die Verbindung zu ihr in Kürze abbrechen wird. Daher verlangt er nach jemandem, der eine Gewähr für das Unverbrüchliche ist. Der Pastor hat hier offenbar eine ähnliche Funktion wie bei der kirchlichen Trauung. Der Sterbende sagt noch einmal sein „Ja" zu seiner Frau, ein „Ja", das selbst die Scheidung durch den Tod überdauern soll. Der Pastor (vielmehr der, in dessen Namen er hier steht) soll dies bestätigen. So sagt dieser dann auch: „Ja, das sage ich ihr“ (S 6).

Jetzt entsteht eine Pause. Der Seelsorger hat das Gefühl, daß der Partner das, was sein Anliegen war, ausgesprochen hat. Er setzt nach einer Weile neu an: „Haben Sie Angst vor dem Sterben?“ (S 7). Der Mann spricht das Wort „Angst“ nach und fragt zurück: „Wovor?“ (P 5) „Angst vor dem Tod“ sagt der Pfarrer (S 8). Die Antwort kommt rasch und für den Seelsorger überraschend: „Nein.“ Er wußte nämlich, daß der Mann früher sehr wohl seiner Angst Ausdruck gegeben hatte.

Die Gruppe der Pastoren, die das Gespräch diskutierte, zog dies „Nein“ dann auch in Zweifel. Vielleicht verdrängte der Mann nur seine Angst? Gibt es so etwas, daß jemand keine Angst vor dem Tod hat? Gehören Tod und Angst nicht zusammen?

Nun fällt auf, daß der Seelsorger in dem Gespräch einen nicht unbedeutenden Wortwechsel vornimmt. Fragt er zunächst nach der Angst vor dem *Sterben*, so spricht er auf die Rückfrage des Mannes hin von der Angst vor dem *Tod*. Das meint etwas anderes. Die Frage nach der Angst vor dem *Tod* wird sehr oft verneint. Ein langsames und qualvolles *Sterben* wird gefürchtet. Das ist eine konkrete Erfahrung, während „Tod“ eine Abstraktion ist, ein Begriff, mit dem sich Erfahrungen kaum verbinden können.

In unserem Gespräch gibt der Sterbende aber noch eine Begründung für seine Verneinung der Frage des Seelsorgers. Er kann nicht mehr. Er ist am Ende. Jetzt hat er nicht mehr viel zu verlieren. Darum auch keine Angst mehr.

Vielleicht hat ihm aber auch geholfen, daß der Pastor ihm sein In-der-Kirche-Sein bestätigt und die Rolle des Brückenbauers im Blick auf seine Frau übernommen hat. Seine letzten Anliegen sind erfüllt.

Jetzt macht der Seelsorger dem Mann noch ein Angebot. „Herr R., soll ich Ihnen einen Psalm vorlesen?“ (S 9). Der Patient sagt „Ja“, er lächelt und spricht nun selber eine Zeile aus dem 23. Psalm: „Mir wird nichts mangeln“ (P 7). Das ist sicher mehr in dem Munde dieses Mannes als eine flüchtige Reminiszenz. Wer diese Szene auf sich wirken läßt, erlebt dies

Zitat wie ein Bekenntnis, der Ausdruck seiner Hoffnung: Mir wird nichts mangeln.

Es kann einen Theologen schon betroffen machen. Da bietet er jemandem einen Psalm an — und dieser andere sagt dann selber *seinen* Psalm. Er formuliert darin seine augenblickliche Situation und seinen Glauben.

Der Seelsorger hat die Antwort des Mannes natürlich wie eine Aufforderung verstanden. Er sagt: „Ja, ich hole mein Buch" (S 10). Die Gruppe fragt ihn daraufhin, warum er es sich so umständlich gemacht habe. Hätte er nicht ein paar Psalmworte aus seinem Gedächtnis aufsagen können? Warum will er unbedingt vorlesen (S 9)? Seine Antwort lautet, daß er sich selber in dieser Situation an der Autorität des geschriebenen Wortes hätte festhalten müssen. Das habe er auf diese Weise seinem Gesprächspartner auch zu erkennen geben wollen. Merkwürdiger ist freilich, daß er den 23. Psalm, aus dem der Mann zitiert, nicht aufgenommen hat. Er liest den Anfang des 139. Psalmes. Der Seelsorger erklärt es damit, daß er zu diesem Zeitpunkt damit gerechnet habe, noch sehr viel länger am Bett dieses Mannes zu sitzen. Den 23. Psalm habe er sich für später aufheben wollen. Er berichtet weiter, daß der Patient seine Psalmlesung sehr bewegt aufgenommen habe. In der Tat nimmt Psalm 139 ja seine Situation auf, angefangen beim „Gekanntwerden" (P 1) bis zu seinem Bedürfnis nach einem Raum „Kirche", in dem er nicht verlorengehen kann. Freilich habe ihn dann das unvermittelte „Genug, genug" (P 8) überrascht und im ersten Augenblick irritiert. Auch habe er dem Mann seinen „Seelenfrieden" zunächst nicht recht glauben können. Das könne aber auch daran liegen, daß dieser ungewohnte Ausdruck ein Reizwort für ihn sei. Daß P 8 keine Abwehr der Psalmlesung gewesen sein kann, wird später dadurch bestätigt, daß er, nachdem der Seelsorger gegangen ist, auch seiner Schwester mitteilt, er habe seinen Seelenfrieden gefunden.

Der Seelsorger akzeptiert das „Genug" des Mannes (S 12) und fragt ihn, ob er bei ihm bleiben soll. In diesem Augenblick hört man vor dem Fenster ein Auto vorfahren. Der Patient sagt: „Meine Familie ist jetzt gekommen" (P 9). Das versteht der Pfarrer in dem Sinn, daß er seine Aufgabe erfüllt hat.

Er spricht den gottesdienstlichen Segen über dem Sterbenden. Der sagt sein „Amen" dazu und hebt noch einmal an: „Und sagen Sie meiner Frau . . ."; der Seelsorger versteht auch, ohne daß er es noch einmal ausführlich sagen muß. Beim Hinausgehen fällt ihm die Schwester des Patienten wieder ein, die er hinausgeschickt hat. Er hatte sie störend erlebt. Soll er noch dafür sorgen, daß der Patient auch mit seiner Frau unter vier Augen sprechen kann? „Soll nur Ihre Frau kommen?" (S 15) Aber das ist nicht nötig. Es ist offenbar alles gesagt, was unter vier Augen ausgesprochen werden mußte.

Der Seelsorger verabschiedet sich. Als er sich noch kurz im Stationszimmer aufhält, kommt die Schwester des Patienten und überbringt seine Bitte nach einem Arzt. Sie fügt hinzu: „Er hat gesagt, er hat seinen Seelenfrieden gefunden."

Der Zustand des Mannes verschlechterte sich kurz darauf so, daß ein Gespräch nicht mehr möglich war. Der Seelsorger hatte aber auch das Gefühl, daß er dort nicht mehr gebraucht wurde. Fünf Tage später starb der Mann.

„Wenn die Tür aufgeht, denke ich: Jetzt!"

Fertig zur Reise

Der Seelsorger betritt — ohne weitere Vorinformationen — ein Krankenzimmer. In dem Zimmer sitzt eine 52jährige Frau, vollständig angekleidet, an einem Tisch am Fenster.

S 1: Ich bin Pastor X und komme vom Klinikpfarramt. Darf ich Sie besuchen.

P 1: (erfreut) Ja, kommen Sie, setzen Sie sich.

S 2: (setzt sich der Frau gegenüber an den Tisch) Sagen Sie mir bitte Ihren Namen?

P 2: Ich heiße NN und bin aus A bei B.

S 3: Sind Sie *schon* hier oder *noch* hier: ich sehe, Sie sind vollständig angekleidet.

P 3: Ja, ich weiß nicht. Ich warte auf das Ergebnis. Sehen Sie: hier haben sie mich geschnitten (öffnet die beiden obersten Blusenknöpfe und zeigt dem Seelsorger einen 10 Zentimeter langen Schnitt unter ihrem Hals); es ist etwas an der Lunge. Aber niemand weiß, was. Es ist nun schon die vierte Probe, und drei Proben waren gut. Aber heute soll ich erfahren, ob die vierte Probe auch gut ist.

S 4: Sie sind nun gespannt, was man Ihnen sagen wird.

P 4: Ja, ich hoffe das Beste. Aber wissen Sie — meine Nerven! Drei Tage warte ich schon. Jedesmal, wenn die Tür aufgeht, denke ich: Jetzt! Aber dann ist es wieder nichts. Ich bin schon ganz fertig.

S 5: Das lange Warten macht Sie ganz mürbe.

P 5: Und dazu die Ungewißheit! Die Ärzte sagen einem ja nichts!

S 6: Haben Sie die Ärzte einmal direkt gefragt?

P 6: Nein. Aber sie haben mir gesagt, da sei oben an der Lunge so ein Pleu (sic!). Dann haben sie die Luft abgezogen, und dann war ein Schatten auf dem Röntgenschirm. Jetzt wollen sie den Lappen vielleicht wegoperieren. So haben sie im O-Krankenhaus gesagt, wo ich vorher war. Aber hier fangen sie wieder von vorne an. Sie wollen selber ... wollen selber

. . . (bekommt den Satz vor Konzentrationsschwäche nicht zu Ende und leidet darunter).

S 7: (nach einigem Bedenken einhelfend) . . . wollen sich selber ein eigenes Bild machen?

P 7: Ja. Das macht mich ganz fertig. Ich habe doch nicht geraucht und getrunken. Und wir haben in A die beste Luft, noch besser als in Bad C. Die Leute von überallher kommen dahin. Ich weiß nicht, woher das kommen kann. – Immer, wenn ich aus der Narkose aufwache, tut mir alles hier drin (sie deutet den Verlauf der Speiseröhre an) ganz weh. Ich weiß nicht, was sie da machen. Aber es tut weh bis zum Magen. – Ich frage mich manchmal, was ich denn Böses getan habe, daß ich so viel leiden muß. Und ich habe in meinem Leben schon so viel gelitten! (Pause. Sie ringt um Fassung.)

S 8: Sie wissen nicht, warum das alles . . .

P 8: (schluchzt auf, weint, steht auf und holt sich Tempotaschentücher. Setzt sich wieder und entschuldigt sich) Es ist mir ja so peinlich.

S 9: Sie brauchen sich nicht vor mir zu schämen. Es sind ja Ihre verständlichen Gefühle. Und das Weinen tut Ihnen ja vielleicht einmal gut: es löst die Spannung, und hinterher geht es dann wieder besser.

P 9: Ja, aber so geht es heute schon so oft (Pause. Plötzlich:) Wissen Sie: Das Schlimmste ist meine Mutter! Die ist nämlich ein Pflegefall. All die Jahre habe ich sie schon gepflegt (weint wieder). Und jetzt ist sie mit meinem Mann allein.

S 10: Ist der hilflos?

P 10: Nein. Aber er ist nicht gut zu ihr. Auch zu mir ist er oft nicht nett. Ich bin so fertig. Nur gut, daß ich meine Tochter noch habe. (Pause)

S 11: Haben Sie noch mehr Kinder?

P 11: Nein. Ich habe nur *ein* Kind (klingt wie: einzigartig).
So etwas gibt es nicht noch mal!

S 12: Wohnt sie bei Ihnen?

P 12: Nein, in D (Nachbarort). Sie ist noch nicht verheiratet. Sie lebt aber solide, raucht nicht, trinkt nicht, und auch sonst . . .

S 13: Hat sie Sie schon einmal besucht?

P 13: Ja. Und wir haben uns lange unterhalten. Sie hat gesagt: „Was machst du denn, wenn es diesmal nicht gut ist?" – Aber dann müßten es einem die Ärzte doch sagen! Ich glaube, ich hielte es dann nicht aus (ihre Hände, die schon die ganze Zeit unruhig waren, zittern nun, das Taschentuch umkrampfend, besonders).

S 14: Ihre Gefühle schwanken so hin und her (unterstreichende Gebärde). Sie haben nicht viel, woran Sie sich halten können.

P 14: Wenn das bloß die Ärzte nicht merken: die schicken mich gleich in die Nervenklinik. (Wie zu sich selbst:) Ich muß mich mehr zusammennehmen.

S 15: Ich finde, Sie muten sich zu viel zu: All die Schwierigkeiten zu Hause, die Ungewißheit hier, und dann noch ruhig bleiben.

P 15: Ja (leise). — Und immer zwischen meiner Mutter und meinem Mann. Und meine Mutter und ich: wir hängen doch so aneinander. Meine Mutter sagt immer: Wenn du mal nicht mehr bist, dann will ich auch nicht mehr.

S 16: Sie klammert sich an Sie, und daher sträuben Sie sich jetzt gegen eine vielleicht schlechte Nachricht und hoffen, daß es gut wird.

Das Gespräch wird unterbrochen. Die Betten werden gemacht. Währenddessen verläßt der Seelsorger das Zimmer. Dann geht er wieder hinein und nimmt seinen Platz wieder ein.

P 16: Ein Glück, daß ich meine Tochter habe. Aber meine Tochter sagt: Mama, du mußt mit dem Schlimmsten rechnen. (Unvermittelt:) Ich bete so zu meinem Herrgott. Aber man weiß ja nicht, was man glauben soll. Was ich weiß, ist nur, daß die Ärzte was von „Tumor" gesagt haben, und daß er nicht böse sein muß, sondern auch gutmütig (sic!) sein kann. (Panikartig:) Und das vor meinen Ohren — an meinem Bett! Das hätten sie doch nicht tun dürfen, oder? (Wartet die Antwort des Seelsorgers gar nicht ab) Ach, ich bin ja so fertig!

S 17: Man weiß nicht, was man glauben soll, sagen Sie. Weiß man denn, was man beten soll?

P 17: (eilig) Ja, wir sind noch fromm. Bei uns wird noch gebetet. Damals hatten die Ärzte meiner Mutter nur ein halbes Jahr gegeben, und sie lebt heute noch. Auch bei meiner Tochter, als sie schwer krank war. Aber auch hier haben unsere Gebete geholfen, und die Ärzte haben sich geirrt.

S 18: (nachdenklich geworden) Können wir anders beten als: Herr, Dein Wille geschehe, und dann diesen Willen annehmen lernen?

P 18: Ja, beten hilft immer. (Pause) Daß ich meine Mutter noch habe, dafür habe ich Gott schon oft gedankt. Auch meine Tochter . . .

S 19: Und die hat wiederum Sie. Sie empfangen und geben Liebe und sind daher nicht ohne Verständnis.

P 19: Ja. (Pause)

Die Tür geht auf. Herein kommt ein Bekannter der Patientin, der sie strahlend begrüßt. Die Patientin freut sich offensichtlich.

S 20: Dann möchte ich mich von Ihnen verabschieden. Ich kann ja einmal wiederkommen, wenn Sie noch bleiben sollten. Ich wünsche Ihnen alles Gute und denke an Sie.

P 20: Ja, schauen Sie doch mal wieder herein. Es war schön, daß Sie hier waren. Vielen Dank!

Der Seelsorger hört noch mit halbem Ohr, wie die Patientin ihrem Besuch gegenüber einen oberflächlich-leichten Ton anschlägt und pausenlos redet.

Der Seelsorger fühlt sich spontan von der Patientin angesprochen und geht nun seinerseits auf sie zu, indem er sie nach ihrem Namen fragt. Sie gibt bereitwillig Auskunft, wie sie heißt und woher sie kommt. Dann stellt er eine Frage im Blick auf etwas, was ihm als erstes aufgefallen ist, als er das Zimmer betrat, und was ihn verwundert. Er möchte gern ein Stück Klarheit: „Sind Sie *schon* hier oder *noch* hier: ich sehe, Sie sind vollständig angekleidet" (S 3).

Die Antwort der Frau ist merkwürdig zögernd: „Ja, ich weiß nicht." Dann sagt sie, daß sie wartet. Sie wartet auf „das Ergebnis". Man hat ihr eine Gewebeprobe entnommen. Sie zeigt den Schnitt unter ihrem Hals. „Es ist etwas an der Lunge. Aber niemand weiß, was." Drei frühere Proben waren gut. „*Aber* heute soll ich erfahren, ob die vierte Probe auch gut ist" (P 3).

Vermutlich trifft die Antwort des Seelsorgers nicht ganz die Befindlichkeit der Frau. „Sie sind nun gespannt, was man Ihnen sagen wird" (S 4) — während die Patientin von nackter Angst erfüllt ist. Ihre Spannung ist viel größer, als der Seelsorger zum Ausdruck bringen kann. „Ja, ich hoffe das Beste", sagt sie, um durch das folgende „Aber" die Gegenseite zu betonen: „Aber, wissen Sie, meine Nerven!" Die „Nerven" befürchten das Schlimmste. „Drei Tage warte ich schon." Die „Drei" ist eine runde Zahl. Sie ist in sich abgerundet. *Drei* Gewebeproben waren gut. Kann die vierte etwas anderes als

Unheil bringen? *Drei* Tage Warten sind herum. Der Augenblick der Entscheidung steht vor der Tür. „Jedesmal, wenn die Tür aufgeht, denke ich: Jetzt. Aber dann ist es wieder nichts." Die Gruppe, in der das Protokoll besprochen wird, assoziiert: Wie ein zum Tode Verurteilter in einer Todeszelle. Der folgende Satz: „Ich bin schon ganz fertig" wiederholt sich in dem Gespräch mehrfach.

Der Seelsorger versucht, auf die Frau einzugehen: „Das lange Warten macht Sie ganz mürbe" (S 5). Aber das Warten ist es ja nicht allein: „Und dazu die Ungewißheit. Die Ärzte sagen einem ja nichts" (der letzte Satz kommt aggressiv heraus). Ungewißheit ist zugleich ein Wissen, wenn auch ein verborgenes. Die Ungewißheit der Frau ist das vor ihr verborgene Wissen der Ärzte: „Die Ärzte sagen einem ja nichts!" Die Aggression an dieser Stelle wird durch eben dies verborgene Wissen, die Ungewißheit verursacht. Der Seelsorger freilich ist durch die Aggressivität verunsichert und irritiert. Er möchte (für sich!) klären: „Haben Sie die Ärzte einmal direkt gefragt?" (S 6) Nein, das hat sie nicht. *Aber* sie haben ihr Bedrohliches gesagt, was sie offenbar nicht ganz verstanden hat („Pleu"), sie haben Bedrohliches mit ihr gemacht. Und sie haben noch Bedrohlicheres mit ihr vor. Das kann sie gar nicht aussprechen. „Sie wollen selber ... wollen selber ..." Der Seelsorger will helfen und ergänzt: „wollen sich selber ein eigenes Bild machen?" Aber ob die Frau dies sagen wollte? Zwar bestätigt sie es zunächst. Doch drängt sich dann die Frage auf, warum sie dies „ganz fertig macht". Und die Fortsetzung zeigt dann auch, daß sie weniger bei den Ärzten als bei sich selber ist. Das Folgende setzt wiederum ein (nicht ausgesprochenes) Wissen voraus: „Ich habe doch nicht geraucht und getrunken. Und wir haben die beste Luft, noch besser als in Bad C. ... Ich weiß nicht, woher *das* kommen kann" (P 7). Irgendetwas Unheimliches spielt sich in ihr ab: „Immer, wenn ich aus der Narkose aufwache, tut mir alles hier drin ganz weh: ich weiß nicht, was sie da machen. Aber es tut weh bis zum Magen." Und dann fragt sie sehr aggressiv, womit sie ihr Leid verdient habe. „Ich frage mich manchmal, was ich denn Böses getan habe, daß ich so viel leiden muß. Und ich habe in meinem Leben schon so viel gelitten." Das ist die Hiobfrage. Der

Seelsorger hat sie als solche verstanden. Und darum gibt er auch keine Antwort auf die Frage (wie die Freunde Hiobs es als schlechte Seelsorger taten), sondern nimmt sie nur auf: „Sie wissen nicht, warum das alles ..." (S 8) Die Frau verliert die Fassung und entschuldigt sich dafür. Der Seelsorger versucht sie zu beruhigen. Er gibt dem Weinen einen positiven Sinn: „Und das Weinen tut Ihnen ja vielleicht einmal gut: es löst die Spannung, und hinterher geht es dann wieder besser." Das klingt sehr distanziert (der Seelsorger berichtet an dieser Stelle der Gruppe, daß er sich hier sehr bedroht gefühlt habe. Er selber habe schon seit vielen Jahren nicht mehr weinen können), und die Frau weist dies dann auch zurück: „Ja — aber so geht es mir heute schon so oft" (P 9). Und nichts von der Spannung hat sich dadurch gelöst!

Unvermittelt spricht sie jetzt über ihre Mutter. „Das Schlimmste ist: meine Mutter!" Die Mutter hat ihre Pflege so nötig. „Und jetzt ist sie mit meinem Mann *allein.*" Sie weint. Der Seelsorger denkt: Kann denn da ihr Mann nicht mal einspringen: „Ist der hilflos?" (S 10). Nein. Da liegt das Problem nicht. Wie soll sie das, was sie bewegt, erklären? Sie muß eine Erklärung finden. „Er ist nicht gut zu ihr. Auch zu mir ist er oft nicht nett." Und wieder kommt das „Ich bin so fertig". Ist der Seelsorger hier einem Familienkonflikt auf der Spur? Er glaubt es, und der Gedanke daran läßt ihn auch noch eine ganze Weile nicht los.

Es ist aber die Frage, ob er auf der richtigen Spur ist. Wenn wir davon ausgehen, daß die Patientin in diesem Gespräch in erster Linie von sich und ihrer Situation spricht, bekommen ihre Worte einen „tieferen" Sinn. „Und *jetzt ist sie* mit meinem Mann *allein.*" Es geht um die Trennung von ihrer Mutter, die ihr unendlich schwer fällt. Vermutlich — das wird sich später bestätigen — liegt der Grund dafür nicht nur in dem Umstand, daß die Mutter pflegebedürftig ist! Das „allein" klingt bereits endgültig. Ihr Mann ist sicher nicht „so gut" zu der Mutter, wie sie es ist. Schließlich ist es *ihre* Mutter! Angesichts der drohenden Trennung (sie spricht bereits so darüber, als sei sie eingetreten) ist es verständlich, wenn sie sich gegen die Vorstellung wehrt, daß die Mutter mit ihrem Mann allein ist. Das ist ein Stück begreiflicher Eifersucht.

Unvermittelt spricht die Frau jetzt über ihre Tochter. „Nur gut, daß ich meine Tochter noch habe.“ Das ist die erste positive Mitteilung, die der Seelsorger in diesem Gespräch zu hören bekommt. Er steht allmählich unter einem solchen Druck, daß er versucht, dies Positive festzuhalten und zu erweitern. Das beweisen seine folgenden Fragen: „Haben Sie noch mehr Kinder?“ (S 11); „Wohnt sie bei Ihnen?“ (S 12); „Hat sie Sie schon einmal besucht?“ (S 13). Auf seine ersten beiden Fragen erhält er ein „Nein“. Dafür spricht die Frau von ihrer Tochter. Sie hat (vor allem in ihrer augenblicklichen Situation!) eine einzigartige Bedeutung. „So etwas gibt es nicht nochmal!“ (P 11). Worin liegt diese Bedeutung? „Sie lebt solide, raucht nicht, trinkt nicht, und auch sonst ...“ (P 12). Wir werden sogleich an die frühere Aussage der Patientin erinnert, wo sie dasselbe von sich sagt: „Ich habe nicht geraucht und getrunken“ (P 7). Das heißt, daß die Frau sich in ihrer Tochter wiederfindet. In der Tochter lebt etwas von ihr selbst, von ihrer Art zu leben (fort).

Wie nahe ihr die Tochter steht, geht auch daraus hervor, daß diese dem, was in ihr selbst vorgeht, am deutlichsten Worte verleiht (im wörtlichen Sinn: die Tochter leiht der Mutter ihre Worte, so daß diese es dem Seelsorger gegenüber aussprechen kann): „Was machst du denn, wenn es diesmal nicht gut ist?“ (P 13), und noch eindeutiger: „Du mußt mit dem Schlimmsten rechnen“ (P 16). Der schreckliche Zustand der Ungewißheit drückt sich dann in den Worten aus: „Dann müßten es einem die Ärzte doch sagen! Ich glaube, ich hielte es dann nicht aus“ (P 13). Ihre Hände fangen an zu zittern und sagen: Ich *halte* das nicht aus!

Der Seelsorger spricht aus, wie er die Frau im Augenblick erlebt. Dabei nimmt auch er seine Hände zu Hilfe: „Ihre Gefühle schwanken so hin und her. Sie haben nicht viel, woran Sie sich halten können“ (S 14). Der Seelsorger *hat* recht. Die Frau muß sich ertappt fühlen: „Wenn das bloß die Ärzte nicht merken: die schicken mich gleich in die Nervenklinik.“ Sie ist so außer sich, daß sie sich selber nicht mehr kennt. Sie spricht zu sich selbst: „Ich muß mich mehr zusammennehmen“ (P 14). Der Seelsorger spürt den ungeheuren Druck, der auf der Frau liegt. Er möchte entlasten: „Ich finde, Sie muten sich zu viel zu: All die Schwierigkeiten zu Hause (er denkt noch immer, daß es dort nicht zum Besten steht!), die Ungewißheit hier: und dann noch ruhig bleiben!" (S 15).

Das wirkt in der Tat beruhigend. Die Patientin kommt wieder auf ihre Mutter zurück: „Und immer zwischen meiner Mutter und meinem Mann. Und meine Mutter und ich: wir hängen doch so aneinander. Meine Mutter sagt immer: Wenn du mal nicht mehr bist, dann will ich auch nicht mehr" (P 15). Das entspricht dem (unausgesprochenen, ja nicht einmal bewußten) Wunsch, daß die Mutter „mitgehen" möchte! So sehr hängen sie aneinander. So sehr verheißt *die Mutter* Schutz und Geborgenheit, wenn es ans Sterben geht.

Der Seelsorger kann dies in diesem Augenblick in seiner ganzen Tragweite nicht verstehen. Er ist irritiert. Er erlebt diese Mutter negativ: „Sie klammert sich an Sie." Zugleich glaubt er, damit die Ursache für das „Sträuben" der Frau gefunden zu haben. Das ist ein Zeichen dafür, wie sehr er selber sich gegen das, was sich hier vor seinen Augen und Ohren abspielt, innerlich sträubt. Das Gespräch wird unterbrochen. Der Pfarrer will sich aber noch nicht verabschieden. Das Gespräch ist noch nicht zu Ende. Als die Schwestern mit ihren Hantierungen fertig sind, nimmt er seinen Platz am Fenster wieder ein. Auch die Frau sitzt noch da und fährt sogleich, ohne jede Übergangsklausel, fort. Sie möchte den Pastor weiter in Anspruch nehmen. Sie geht einen deutlichen Schritt weiter, über das bisher Gesagte hinaus. „Du mußt auch mit dem Schlimmsten rechnen" (sagt sie durch den Mund der Tochter). Und dann unvermittelt: „Ich bete so zu meinem Herrgott. Aber man weiß ja nicht, was man glauben soll." Ohne dem Seelsorger Zeit zu lassen, sich auf diese Wendung des Gesprächs einzustellen, fährt sie fort: „Was ich weiß, ist nur (!), daß die Ärzte was von ‚Tumor' gesagt haben, und daß er nicht böse sein *muß*, sondern auch gutmütig sein *kann*." Vorhin (P 5) hatte sie noch geäußert: „Aber die Ärzte sagen einem ja nichts"! Hier bestätigt es sich, daß ihre Un-Gewißheit ein Wissen verbarg. Und wir werden Zeuge, wie dies Wissen langsam zur Gewißheit wird. Panik erfaßt sie. Ihre ganze Aggression entlädt sich auf „die Ärzte". Das erneute: „Ach, ich bin ja so fertig" klingt in den Ohren des Seelsorgers wie „Ich bin am Ende".

Der Seelsorger berichtet der Gruppe, daß er den aggressiven Ausbruch der Frau nicht so richtig mitbekommen habe — ein Zeichen für seine innere Abwehr. Dafür knüpft er dort an, wo er sich angesprochen gefühlt hat: „Man weiß nicht, was man glauben soll, sagen Sie. Weiß man denn, was man beten soll?" (S 17). Hinter der raschen Antwort der Frau (P 17) ist Unsicherheit zu spüren. Sie versichert: „Ja, wir sind noch (!) fromm. Bei uns wird noch (!) gebetet." Dann bringt sie zwei Beispiele (wiederum von der Mutter und von der Tochter!), wo das Beten geholfen hat. „Und die Ärzte haben sich geirrt." Die Unsicherheit besteht in der unausgesprochenen Frage, ob das Beten auf diese Weise auch bei ihr hilft, oder ob die Ärzte sich diesmal nicht geirrt haben! Der Seelsorger läßt jetzt deutlich werden, worauf er mit seiner Frage „Weiß man denn, was man beten soll?" abgezielt hat. Er sagt: „Können wir anders beten als: Herr, Dein Wille geschehe, und dann diesen Willen annehmen lernen?" (S 18). Er möchte gern, daß die Frau ihr Geschick endlich annimmt. Das würde auch ihn von dem Druck entlasten, unter dem er steht. Doch diesen Gefallen tut ihm die Frau nicht. Sie antwortet mit einem allgemeinen Satz: „Ja, Beten hilft immer", um dann noch ein letztes Mal auf ihre Mutter und die Tochter zu sprechen zu kommen. Daß sie die noch hat — dafür hat sie Gott oft gedankt. Der Seelsorger möchte ihr etwas Bestätigendes und Tröstliches sagen, wieviel nämlich auch sie der Tochter bedeutet.

Durch einen Besuch wird das Gespräch abgebrochen. Dem Seelsorger fällt beim Hinausgehen noch auf, in welch anderem, oberflächlichen Ton die Patientin mit dem Besucher redet als in dem Gespräch, das er mit ihr geführt hat.

Überblicken wir den Verlauf des Gesprächs, so müssen wir feststellen, daß die Frau in ihm einen Weg zurückgelegt hat. Die Ungewißheit ist ihr zur Gewißheit geworden. Ohne den Besuch des Pfarrers wäre das nicht denkbar gewesen. Es ist anzunehmen, daß das Gespräch ihr geholfen hat, sich mit ihrer Situation ein Stück weit auseinanderzusetzen.

Dem Seelsorger aber geht erst jetzt auf, daß er das Gespräch als „unheimlich" erlebt hat. Das rührt daher, daß die Frau die ganze Zeit „wie reisefertig“ vor ihm gesessen hat, auf Abruf. Die ersten Worte, die beide Gesprächspartner miteinander gewechselt haben, bekommen von daher im Nachhinein einen bedeutungsschweren Klang. „Sind Sie schon hier oder *noch hier?*“ fragt der Seelsorger. Und die Frau antwortet: „Ja, *ich weiß nicht*. Ich warte auf das Ergebnis.“

Drei Tage nach diesem Gespräch starb sie.

„Das wissen Sie doch genauso wie ich!"

Die volle Wahrheit

Der Krankenseelsorger erhält durch die Stationsschwester der Gynäkologie-Station die Bitte einer Patientin um baldigen Besuch übermittelt. Sie empfängt ihn vor dem Zimmer der Patientin und erzählt, daß diese sehr schwer krank sei und nicht mehr lange zu leben habe. „Die Patientin wartet schon auf Sie", sagt die Schwester, und erklärt auf Befragen, nicht ganz genau zu wissen, ob die Patientin über ihren Zustand genau Bescheid weiß.

Der Seelsorger klopft an die Tür des Krankenzimmers. Nach einem nur leise zu vernehmenden „Ja" betritt er es. In dem darin einzig vorhandenen Bett liegt eine Frau von etwa 35 Jahren.

S 1: Ich bin Pastor X hier vom Krankenhaus. Sie wollten mich sprechen?

P 1: (Patientin weint leise, legte ihre linke Hand vor das Gesicht. Mit leiser Stimme:)
Ich muß sterben und bin noch so jung.

S 2: Dieser Gedanke ist für Sie schwer?

P 2: Warum muß ich schon sterben?

S 3: Ja, das ist ein Rätsel, warum mancher, der alt ist und sterben möchte, nicht sterben kann; und ein junger, der leben möchte, muß sterben.

P 3: Und wozu ist das so? (weint wieder). Wenn man wüßte, *wozu* das ist! (verlangt zu trinken, was eine lange Prozedur erfordert. Dabei stöhnt sie).

S 4: Haben Sie Schmerzen?

P 4: (schüttelt den Kopf)

S 5: Kann ich Ihnen helfen? Haben Sie einen Wunsch?

P 5: Daß meine Kinder gesund bleiben.

P 6: Wie alt sind Ihre Kinder?

P 6: 4, 8 und 15 Jahre. Die hilft mir schon ganz schön. Aber mein Mann ist auch ganz verzweifelt. (Patientin will wieder tiefer gelegt werden. Der Pastor ruft die Schwester, die das vorher angeboten hat, durch die Klingel. Als die Schwester das Zimmer wieder verlassen hat:)

S 7: Ja, das Leiden ist ein Rätsel. Ich weiß auch keine Erklärung, warum und wozu. Ich denke nur immer: es muß eine Bedeutung haben. Jesus mußte auch leiden.

P 7: (scheint sehr aufzumerken, schüttelt dann aber den Kopf) Unbegreiflich! (Legt wieder die linke Hand auf das Gesicht und weint)

S 8: Das Rätsel begreifen, ist nicht möglich, vielleicht haben wir aber soviel Vertrauen zu Gott, daß wir glauben: er will nichts Schlechtes ... (Pause)

P 8: Erzählen Sie weiter!

S 9: Darf ich Ihnen ein Wort aus der Bibel sagen?

P 9: (nickt betont)

S 10: Befiehl dem Herrn deine Wege und hoffe auf ihn. Er wird's wohl machen!

P 10: (nachdenkliches Kopfnicken). Geben Sie mir meine Handtasche!

S 11: (zögernd) Ach, wozu wollen Sie die jetzt?

P 11: Geben Sie mir die Handtasche, sie liegt im untersten Fach.

S 12: (sucht die Handtasche und gibt sie ihr)

P 12: (nestelt das Portemonnaie aus der Handtasche heraus, sucht nach Geld)

S 13: Ach nein! (wehrt ab, nimmt der Patientin das Portemonnaie aus der Hand und steckt es wieder in die Handtasche)

P 13: Nein, ich will

S 14: Was soll ich mit dem Geld? (schließt die Handtasche und legt sie wieder an den Ort)

P 14: (weint) Ich will

S 15: Ach, Frau W., seien Sie nicht traurig! Aber jetzt wollen wir doch nicht mit Geld zu tun haben.

P 15: Sprechen Sie das Vaterunser!

S 16: (betet das Vaterunser und setzt hinzu:) Jesus hat uns versprochen: „Siehe, ich bin bei euch alle Tage bis an der Welt Ende."

P 16: (Patientin nickt; sie weint leise in sich hinein, hat dabei wieder die linke Hand auf das Gesicht gelegt)

S 17: (verharrt am Bett. Nach einiger Zeit hebt die Patientin die Finger etwas ab vom Gesicht, offenbar um zu sehen, ob der Pastor noch da ist. Daraufhin verabschiedet er sich und bietet an, morgen wiederzukommen. Die Patientin nickt und sieht ihm nach.)

Als der Krankenseelsorger das vorstehende Gesprächs-Protokoll einer Gruppe von Seelsorgern vorliest, spürt man ihm noch an, wie sehr er von diesem Gespräch aufgewühlt ist. Es sei nicht nur die Krankheitssituation und das tragische Schicksal dieser jungen Frau, die ihn so betroffen machten, sondern die schonungslose Klarheit, die von Anfang an den Hintergrund des Gespräches bildete. Diese Klarheit zu respektieren und nicht durch einen Soft-Effekt zu verschleiern, der alles ein bißchen weicher zeichnet und die harten Konturen auflöst, habe ihn außerordentlich viel Kraft gekostet. Er geniere sich nicht zu gestehen, daß er vor dem zweiten Besuch bei der Patientin eigentlich gewünscht habe, er möge sie schlafend antreffen oder vielleicht auch unwillig zum Gespräch. Als sie dann — durch Medikation — bei seinen letzten Besuchen wirklich schlief und auch nicht mehr zu klarem Bewußtsein kam, habe er Schuldgefühle entwickelt und keineswegs Erleichterung gefühlt. Ihm sei erst nachträglich deutlich geworden, wie stark die Patientin ihn halten und ihm auch helfen wollte, die Wahrheit und Klarheit mit ihr gemeinsam auszuhalten.

Das Gespräch scheint zunächst aber anders zu verlaufen: die Patientin hat den Besuch des Seelsorgers gewünscht und sich darauf vorbereitet. Er wird gleich nach Eröffnung des Gesprächs — ohne Anlaufzeit und Möglichkeit, die Lage zu bedenken — mit der klaren Tatsache konfrontiert, daß sie sich als Sterbende weiß. Auch P 2 und P 3 sind vorbedachte Fragen, die den Seelsorger hart treffen. Nicht nur, weil sie so abrupt und unerwartet an ihn gerichtet werden, sondern weil es genau die Fragen sind, die sich ihm selbst tagtäglich bei seinem Dienst im Krankenhaus angesichts von Leiden und Krankheit stellen. Für ihn ist das eine offene Frage: „Das ist ein Rätsel", sagt er zu der Patientin, die sich als Betroffene mit einer solchen akademischen Antwort aber nicht zufrieden gibt. „Wozu ist das so?" und — dringlicher — „Wenn man wüßte, *wozu* das ist?" fragt sie weiter. Der Seelsorger berichtet, daß er sich durch dieses intensive Befragen stark unter Zugzwang gesetzt fühlte, ohne zu wissen, was er antworten könnte. Auf dieses Spielfeld paßten die theologischen Steine nicht, die er in der Tasche hatte. So habe er in seiner Beklemmung eine große Erleichterung empfunden, als ihn die Patientin um Hilfe beim Trinken bat. Diese manuelle Hilfeleistung sei wenigstens etwas gewesen, was er *tun* konnte, wenn schon er ihre andere Bitte um Hilfeleistung bei der Bewältigung ihrer Fragen nicht erfüllen konnte. Bei der durch den Zustand der Patientin bedingten langwierigen Prozedur des Trinkens seien ihm ihre Fragen auch weiter durch den Kopf gegangen und er habe (schuldbewußt) an eine seiner Predigten denken müssen, in der er — wie ihm jetzt schien — erstaunlicherweise und ohne Zögern verkündet hatte: Erst wenn sich die Warum-Frage zur Frage „Wozu?" durchgerungen habe, sei christlich und mit Hoffnung auf Zukunft gefragt. Und nun fragte die Patientin so! Und was konnte er ihr sagen?

Das Stöhnen der Patientin läßt die nun folgende Frage des Seelsorgers, ob sie Schmerzen habe, zwar erklärlich erscheinen, sie ist aber im Grunde sein (zweifellos unbewußter) Versuch, das bedrängende Thema noch weiterhin beiseite zu lassen. Als die Patientin ihm aber keine Möglichkeit gibt, dieses neue „Thema" weiterzuverfolgen, — sie hat keine Schmerzen! — bringt er nochmals Neues in das Gespräch ein. Er fragt, ob sie einen Wunsch habe und er ihr helfen könne (S 5). Eine seltsame Frage, wenn man bedenkt, daß die Patientin mit ihren ersten Sätzen deutlich gesagt hat, was für sie wichtig ist und für welches Problem sie Hilfe wünscht. Der Seelsorger weicht aber dieser Herausforderung aus. Er bringt das Gespräch auf ein anderes Gleis: Von den Kindern der Patientin ist jetzt die Rede, nach deren Alter sich der Seelsorger auch noch erkundigt und damit von der ursprünglichen und dringlichen Anfrage noch weiter wegführt. Das Gespräch ist eigentlich kein Gespräch mehr. Die Patientin signalisiert ihr Problem noch einmal (P 6): „Mein Mann ist auch (!) ganz verzweifelt." Aber dann gibt sie es auf und läßt sich aus der halbsitzenden, das Sprechen erleichternden Lage wieder in Liegestellung bringen.

Offensichtlich dient dem Seelsorger diese Unterbrechung des Gesprächs aber zu einer Atempause, in der er sich auf die Patientin und ihr Problem besser einstellen kann. Er knüpft dann auch dort an, wo das Gespräch vom Problem der Kranken abwich, bleibt aber in einer allgemeinen Aussage darüber: „Das (!) Leiden ist ein Rätsel!" Doch dann gesteht er ungeschminkt: „*Ich* weiß auch keine Erklärung ... *ich* denke nur immer: es muß eine Bedeutung haben ..." (S 7). Bei so persönlicher Stellungnahme zu ihrer Frage merkt die Patientin auf, schüttelt dann aber den Kopf, als wäre es ihr zu wenig, daß er „nur (!) immer denke: es muß *eine* Bedeutung haben". Es geht ihr um die Bedeutung ihres eigenen Leidens. Auch der Hinweis auf das *Leiden Jesu* ist für sie keine zureichende Antwort für ihr eigenes Leiden: „Unbegreiflich!" Wieder weint die Patientin, und wieder legt sie die Hand vor das Gesicht, als wollte oder könnte sie die *einzige* Klarheit in ihrem Fall nicht sehen und ertragen: daß sie unbegreiflicherweise als noch so junger Mensch sterben muß.

Der weitere Verlauf des Gespräches, in dem der Seelsorger seine legitimen Hilfen anbietet (S 8—S 10), wird von der Patientin wohl wahrgenommen, aber offensichtlich nicht angenommen. Es hat den Anschein, als empfinde sie, daß der Pfarrer jetzt „amtiert". Er spricht wie im Gottesdienst: Vertrauen — Gott will nichts Schlechtes — Wort der Bibel — Befiehl dem Herrn deine Wege — Hoffe auf ihn — Er wird es wohl machen. Sie nickt dazu nachdenklich, als bestätige und billige sie das alles und dann verlangt sie ihre Handtasche mit dem Portemonnaie. Für die Kollekte? Sie weiß, was sich in der Kirche gehört und bringt damit den Seelsorger in arge und ärgerliche Verlegenheit, die ihn gegen die Patientin reagieren läßt (S 13). Später berichtet er, sich viele Gedanken gerade über diese Reaktion der Patientin und sein darauf folgendes Verhalten gemacht zu haben. War die gewollte Geldspende wirklich eine Anpassung an die weithin zum Klischee gewordene Vorstellung, die Kirche brauche immer Geld? Wollte ihn die Patientin „entlohnen"? Er war ja auf ihren Wunsch gerufen worden. Oder war durch seine abrupte Ablehnung ihres Wunsches in ihr das Gefühl verletzt oder gar zerstört worden, wenigstens noch etwas (Gutes) tun und (über ihr Geld) verfügen zu können, nachdem sie als Schwerkranke sonst nur noch alles passiv über sich ergehen und über sich verfügen lassen mußte?

Das Gespräch findet an diesem Tage seinen Abschluß mit dem — von der Patientin gewünschten — Vaterunsergebet und einem Segenswort. Aber war das ein Abschluß? Die Patientin weint leise in sich hinein; wieder hat sie die Hand auf ihr Gesicht gelegt. Der Seelsorger bleibt still am Bett stehen. Er ist sich nicht klar darüber, ob er gehen soll. Erst als die Patientin nach ihm guckt, wagt er es, sich zu verabschieden.

Er ist wegen seiner Hilflosigkeit der Kranken gegenüber betroffen und hat den Eindruck, daß er als Seelsorger versagt habe, obwohl Bibel und Gebet in diesem Gespräch ihren Platz hatten. War das überhaupt ein „Gespräch", fragt er sich und dann später die Gruppe. Im Gruppengespräch wird herausgefunden, daß sich das Gespräch seit S 10 zu einer Art gottesdienstlichen Monolog gewandelt hatte, an dessen Ende sich die Patientin — wie im Gottesdienst üblich! — das Vaterunsergebet wünschte. Den Sprung für sein Monologisieren erkannte der Pfarrer selber: er habe in seiner Bedrängnis durch die Fragen und die Situation der Patientin und in dem Gefühl des Zugzwangs das für ihn als Pfarrer Naheliegendste und Oftgeübte getan — Zuspruch in gottesdienstlicher Verkündigungsform. Die Patientin erwartete aber sicherlich nicht eine *allgemeine* Wahrheits-Aussage über Leiden und Bestehen des Leidens, die sie durchaus bejahte (vgl. ihr Kopfnicken!), sondern sie erwartete ein Annehmen und Mittragen ihres ureigenen Problems, ihres bevorstehenden Sterbens. Darüber mit ihr zu sprechen oder es auch nur zu erwähnen, vermochte der Pfarrer nicht. Sterbenmüssen war auch sein Problem. Sein zögerndes Verhalten am Schluß zeigt sein eigenes Gefühl über das Gespräch: es fehlt etwas. In der Gruppe kommentierte der Pfarrer dieses Gefühl mit einem Bild, das sich ihm gleich nach Verlassen des Krankenzimmers aufgedrängt habe: er sei sich wie der Pilot eines Rettungsflugzeuges vorgekommen, der einen Schiffbrüchigen gesichtet und mit Rauchzeichen auf sich aufmerksam gemacht habe, aber nicht bei ihm landen konnte, weil er mit seinem Flugzeug sicherlich dann eine Bruchlandung vollzogen hätte. So sei er mit seinem Flugzeug wieder abgeflogen. Diese Furcht vor einer „Bruchlandung" sei allerdings nicht der unmittelbare Anlaß für die Beendigung seines Besuches bei der Patientin gewesen, vielmehr habe ihn ihr „Durch-die-Finger-Lugen" am Schluß irritiert. Wollte sie damit sagen: „Geh endlich! Ich will allein sein mit meinem Problem!" Oder wollte sie sehen, wie er sich verhalte, oder wollte sie noch etwas anderes?

Die Gruppe versuchte eine Deutung: Durch die Finger zu lugen sei eigentlich ein Kommunikationsspiel bei Kleinkindern.

Es könne ein Verstecken-Spielen darstellen (mit der Herausforderung: wo bin ich? Such mich doch! Finde mich!). Es könne aber auch der Versuch sein, die Reaktion des Partners zu erspähen (besonders hinsichtlich seiner weiteren Kommunikations-Bereitschaft).

Mit dem Angebot, am folgenden Tag wiederzukommen, habe der Selsorger bei seiner Verabschiedung der Patientin die Antwort gegeben, sich doch ihrem Problem wieder stellen zu wollen.

Der nächste Besuch bei Frau W. erfolgte einen Tag später. Von der Stationsschwester erfährt der Seelsorger, die Patientin sei heute viel ruhiger als gestern. Dabei bekomme sie zur Zeit keinerlei sedierende Medikamente. Sie wolle das so!

Nach dem Anklopfen betritt der Seelsorger das Krankenzimmer. Frau W. liegt heute näher am Fenster mit Blickrichtung zur Tür. Sie bemerkt ihn sogleich.

S 18: Ich wollte Ihnen „Guten Tag" sagen – wie ich es gestern versprochen habe.

P 18: Ja, das ist nett (schließt die Augen)

S 19: (streicht über ihre Hand, hört bald damit wieder auf, um wieder zu gehen, weil die Patientin zum Gespräch nicht bereit zu sein scheint)

P 19: Ich bin wach, nur meine Augen sind schwach und fallen zu. Erzählen Sie mir etwas!

S 20: Ich wollte Ihnen sagen, daß ich an Sie gedacht habe. Auch über Ihre Frage habe ich noch nachgedacht.

P 20: Warum ich mich so quälen muß?

S 21: Ja, darüber habe ich nachgedacht und auch, warum und wozu wir leiden und sterben müssen. Gott ist doch unser Vater!

P 21: (lauter als sonst) Was?

S 22: Ich habe gesagt: Gott ist unser *Vater*, ein richtiger und guter Vater, so glauben wir Christen doch.

P 22: (nickt) Ja, ein guter Vater. Mein Vater hat heute Geburtstag. Der denkt bestimmt an mich. Er wird heute keine Freude haben. (Sie erzählt, daß er in der DDR wohnt und kürzlich hier war, ebenso die Mutter. „Nur die Zeit vergeht so schnell!") Mein Vater hat es auch schwer gehabt. Vor zwei Jahren Nierenkrebs. Aber er ist besser weggekommen als ich.

S 23: Sie meinen, nicht so gut davonzukommen wie Ihr Vater?

P 23: Nach der Operation habe ich geglaubt, es wird noch mal mit mir. Aber jetzt . . .

S 24: Und jetzt zweifeln Sie ein bißchen daran?

P 24: Es wird ja auch nichts mehr! Das wissen Sie doch genauso wie ich! Als ich es erfuhr, habe ich in die Bettdecke gebissen. Aber das ist vorbei!

S 25: Sie geben doch nicht auf zu hoffen . . .

P 25: (ins Wort fallend) Nein, das nicht! Aber ich habe nicht mehr so viel Kraft, mich dagegen zu wehren. – Wie war das eigentlich bei Jesus? Hat der sich gewehrt oder ist er sanft eingeschlafen? Bewußtlos meine ich.

S 26: Er hat gewußt, daß er sterben muß.

P 26: Gott, warum hast du mich verlassen? Das hat er doch gesagt? Oder nicht?

S 27: Ja, das hat er am Kreuz gesagt. Dann hat er aber auch noch zu Gott gesagt: „In Deine Hände befehle ich meinen Geist."

P 27: Ja, der konnte das!

S 28: Sie möchten so wie Jesus sterben können?

P 28: Ja (zuckt die Schultern), aber ob man das kann, weiß ich nicht. Das Leben ist doch schön.

S 29: Sie meinen, Jesus hat das Leben nicht schön gefunden?

P 29: Er ist nicht so geliebt worden wie ich. (Patientin erscheint erschöpft. Sie hat die Augen geschlossen. Der Seelsorger berührt zum Abschied leise ihre Hand, dabei öffnet sie die Augen) Sprechen Sie noch das Vaterunser (faltet die Hände)

S 30: Betet das Vaterunser und sagt abschließend: „In Deine Hände befehle ich meinen Geist."

Die Patientin reagiert darauf nicht.

Das Gespräch mit Frau W. beginnt heute anders als gestern. Es ist zu merken, daß sie sich auf den zweiten Besuch des Seelsorgers nicht vorbereitet hat und – auch anders als gestern – keine Fragen stellt. Sie wirkt müde, möchte aber, daß der Seelsorger bleibt (P 19). Sie ist wach – aber ihre Augen sind schwach und fallen zu. Sie braucht sie heute nicht mehr mit der Hand abzuschirmen. Sie ist einen Tag weiter!

Der Aufforderung, „etwas zu erzählen", kommt der Seelsorger nach: „Ich habe an Sie gedacht. Auch über Ihre Frage habe ich noch nachgedacht." Die Patientin weiß sofort Bescheid: „Warum *ich mich* so quälen muß?" Der Seelsorger bejaht das und gibt seinerseits (schulmäßig und wieder ganz allgemein formuliert) das Thema seines Nachdenkens an: „Warum und wozu *wir* leiden und sterben müssen" und hat sich damit schon wieder ein Stück von der Patientin entfernt, die *sich* und *ihre eigene Leidensqual* bedacht und angenommen wissen möchte. Vollends läßt das Einbringen der religiösen Fragestellung die Patientin „schwerhörig" werden (P 21). Bei „Vater" denkt sie nicht an Gott, sondern an ihren eigenen Vater. Der versteht sie und denkt bestimmt an sie, weil er es auch schwer gehabt hat. „Aber er ist besser weggekommen als ich." Er lebt — trotz seines Nierenkrebses. Daß der Seelsorger an dieser Stelle weder der theologischen Versuchung, Gott als Vater zu kommentieren und zu rechtfertigen, noch der Informationsbegier hinsichtlich der Erkrankung des leiblichen Vaters der Patientin erlegen ist, sondern bei ihr und ihrem Problem bleibt (S 23), ist vermutlich für den Fortgang und Ausgang dieses zweiten Gesprächs bedeutsam.

Die Patientin berichtet jetzt von ihrer Hoffnung, die sie nach ihrer Operation noch gehabt habe (P 23). Aber nun hat sie die nicht mehr. Es ist jetzt alles klar. Sie weiß Bescheid.

Die damit für ein Gespräch ohne Weinen und Klagen, frei für seelsorgerliche Zuwendung geöffnete Tür bemerkt der Seelsorger aber nicht. Er hält einer so klar bewußten und nüchtern diagnostizierten Situation nicht ohne weiteres stand, sondern versucht abzuschwächen: „Und jetzt zweifeln Sie *ein bißchen* daran?" Die bei dem Schwächezustand der Patientin geradezu heftig anmutende Reaktion darauf zeigt, wie sie alle Kräfte aufbietet, um ihr bereits gewonnenes Gleichgewicht zu halten und sich nicht wieder in Fragen und Weinen stürzen zu lassen: „Es wird ja auch nichts mehr! Das wissen Sie doch genauso wie ich!" (P 24). Der Seelsorger empfindet diese Äußerung aber offensichtlich anders. Er hört Fatalismus und Resignation heraus. Darum bringt er jetzt das Thema „Hoffnung" ein. Wer nicht mehr hofft, gibt sich auf! Wenigstens zu einem Quentchen Hoffnung möchte er die Patientin bewegen. Aber sie läßt das nicht zu, fällt ihm ins Wort, um auch diesen für sie und ihr gewonnenes Gleichgewicht gefährlichen Versuch einer optimistischen Einfärbung und damit den Rückschritt in eine schon überwundene Phase zu unterbinden. „Ich habe nicht mehr so viel Kraft, mich dagegen zu wehren." Und dann folgt — nur scheinbar unmotiviert — eine Informationsfrage über Jesus. Wie ist das mit seiner Kraft gewesen? „Hat der sich gewehrt . . .?" Wie ist er gestorben, mit oder ohne Bewußtsein? Es ist der Patientin abzuspüren, wie hierbei ihr Problem mitschwingt: bewußt oder bewußtlos zu sterben. Sie hatte ja einige Tag vorher die medikamentöse Sedierung abgelehnt und zu erkennen gegeben, daß sie mit Bewußtsein sterben wolle. Der Seelsorger berichtetet später in der Gruppe, daß er den Hintergrund ihrer Frage (P 25) empfunden habe und versucht war, sie an den Essigschwamm zu erinnern, der Jesus kurz vor seinem Tode gereicht wurde. Aber das schien ihm dann abwegig und als „Modell" auch unzulässig zu sein. So bestätigt er ihr nur (S 26), das Jesus gewußt habe, was ihm bevorstand. An dem Fortgang des (seit P 25 von der Patientin „geführten") Gesprächs wird deutlich, daß sie nicht von ungefähr und auch nicht ohne vorherige Reflexion auf Jesus zu sprechen gekommen ist: sie sieht Parallelen in seinem und ihrem Sterben. Beide wissen von ihrem bevorstehenden Tod. Beiden ist die Frage gekommen: „Gott, warum hast du mich verlassen?" (P 26).

Daß der Seelsorger jetzt nicht mit dogmatischen Belehrungen — etwa über das qualitativ andere Sterben Jesu oder die durchgehaltene Sohnestreue Jesu — antritt, sondern nur auf das hinweist, was Jesus dann „auch noch" gesagt hat (S 27), ist für den weiteren Gesprächsverlauf wichtig. Auch wenn die Patientin im Blick auf sich abwinkt: „Ja, der kann das!" — ihr ist damit gezeigt worden, wie das Gefühl der Gottverlassenheit angesichts des Todes doch noch ein Ziel und Zukunft haben kann. Bei Jesus, gewiß! — aber vielleicht auch bei ihr.

Es ist dann nicht verwunderlich, daß die Patientin die jetzt folgende Frage des Seelsorgers bejaht, ob sie so wie Jesus sterben können möchte. Sie möchte das, nur ob sie es kann, weiß sie nicht: „Das Leben ist doch schön" (P 28), und damit signalisiert sie, was ihr das Sterben so schwer macht. Sie konkretisiert nicht, warum sie das Leben schön findet. Erst als der Seelsorger mit S 29 einen Ansatz zu dem Versuch macht, auch hier wieder Parallelen aufzuweisen: Jesus hat das Leben auch schön gefunden, — sagt sie, was *ihr* das Leben schön und das Sterben schwer macht. Sie ist geliebt worden, wie Jesus nicht geliebt worden sein kann: als Frau.

Das Gespräch ist damit beendet. Die Patientin ist erschöpft. Den Abschluß bildet wieder ein von ihr gewünschtes und mitgebetetes Vaterunser, dem der Seelsorger die Bitte „In deine Hände befehle ich meinen Geist" anfügt. Sie reagiert auf dieses letzte Wort nicht. Und doch hat der Seelsorger, der sich bei der Analyse dieses Gespräches häufig unsicher zeigte, hierbei das sichere Gefühl, sie habe dieses Wort angenommen.

Ein weiteres Gespräch mit dieser Patientin konnte nicht stattfinden. Sie starb zwei Tage später.

Probleme der Begleitung Sterbender

1. *Die Unfähigkeit zu sterben*

Es wird von einem Experiment aus einem Krankenhaus in New York berichtet, in dem ein Psychologe sich mit der Stoppuhr in der Hand auf den Flur einer Station setzte. Er hatte sich über den Zustand der Patienten in den einzelnen Zimmern und deren wahrscheinliche Lebenserwartung informiert und maß nun die Zeit, die zwischen dem Rufsignal der einzelnen Patienten und dem Eintreffen der für sie verantwortlichen Schwestern verstrich. Er fand heraus, daß die Schwestern regelmäßig zu den Patienten eilten, die auf dem Wege der Besserung waren, während sie ebenso konsequent mit schleppenden Füßen dem Ruf derer folgten, die an der Schwelle des Todes standen. Die eigentliche Überraschung aber ergab sich, als der Psychologe den Schwestern das Ergebnis seiner Untersuchung mitteilte. Sie waren davon ganz und gar überrascht und wehrten sich gegen eine derartige „Unterstellung" — ihr Verhalten war offensichtlich ein unbewußter Ausdruck ihrer Abwehr des Todes[1].

Die Vermutung liegt nahe, daß diese Schwestern derartige unbewußte Abwehrhaltungen mit allen teilen, die mit Sterbenden zu tun haben: mit Ärzten, Pfarrern und Angehörigen. Man wird weiter darauf gefaßt sein müssen, daß auch bei ihnen diese Abwehrhaltung sich in ihrer Beziehung zu den Sterbenden niederschlägt. Das Sterben eines Menschen, um den sie sich kümmern und das sie bekümmert, konfrontiert die Schwester mit der Vergeblichkeit ihrer aufopfernden Pflege, den Arzt mit der Grenze seiner Kunst, den Pfarrer mit dem Zweifel seines Glaubens, während für die Angehörigen ein Stück ihres eigenen Lebens dahingeht. Das bedeutet, daß jeder, dessen eigenes Leben durch freundschaftliche oder verwandt-

---

[1] M. Bowers u. a., Wie können wir Sterbenden beistehen, München 1971, S. 14 f.

schaftliche Beziehungen oder durch Kontakte, die sein Beruf zu ihm hergestellt hat, mit dem Leben und Sterben eines Menschen verbunden ist, ein Stück eigenes Sterben erlebt. Die Stunde schlägt immer auch für uns. Wir stehen immer mit im Todeskampf. Und aller Wahrscheinlichkeit nach ist eine Fülle von Reaktionen (uns nicht bewußt) von der inneren Abwehr des eigenen Sterbenmüssens her zu verstehen. E. Kübler-Ross hat beobachtet, „daß viele Geistliche sich auf das Gesangbuch oder ein Kapitel der Bibel als Kommunikationsmittel beschränkten; sie verzichteten darauf, die eigentlichen Bedürfnisse des Kranken zu erkunden, vielleicht, um Fragen zu vermeiden, auf die sie eine Antwort nicht geben wollten oder konnten"[2]. Und wie ein Pfarrer seine Unfähigkeit, ein Stück mitzusterben, hinter der Bibel verbergen kann, so kann diese Rolle für einen Arzt die Spritze spielen. Simone de Beauvoir berichtet in ihrem Buch „Ein sanfter Tod", wie ein Arzt das Sterbezimmer ihrer Mutter wütend mit den Worten verläßt: „Wieder ist eine Klammer herausgesprungen. Und das, nachdem wir so viel für sie getan haben, zu ärgerlich!"[3] Das Sterben des Patienten bedeutet eine Niederlage für den Arzt. Sein berufliches Können, sein Selbstbewußtsein, seine Existenzberechtigung werden damit angetastet. Ein Arzt, der sich einem sterbenden Patienten stellt und der Kommunikation mit ihm nicht ausweicht (und auch dafür gibt es eindrucksvolle Beispiele), gibt ein Stück seiner eigenen Rolle preis. Er begibt sich seiner Autorität, denn er hat keine Macht über den Tod. Chr. von Ferber führt die Kommunikationsschwierigkeiten mit Sterbenden in Krankenhäusern auf den Umstand zurück, daß das Sterben dem „Anstaltsziel" des Krankenhauses widerspricht, Leben zu erhalten bzw. beschädigtes Leben wiederherzustellen. Alles ist auf dies Ziel hin ausgerichtet. Ärzte und Pflegeberufe stehen im Dienst dieses Zieles. So bilden die Sterbenden in einer derart bestimmten Institution die „outcasts" und müssen einsam sterben[4]. An

[2] E. Kübler-Ross, Interviews mit Sterbenden, Stuttgart–Berlin 1971, S. 212.

[3] Rowohlt Taschenbuch ²1970, S. 97.

[4] Chr. v. Ferber, Der Tod. Ein unbewältigtes Problem für Mediziner und Soziologen, in: Kölner Zeitschrift f. Soziologie und Sozialpsychologie 22/1970, S. 241/242.

diesem Punkt werden — ähnlich wie bei den Theologen — Fragen an die Ausbildung laut. „Schon mit dem Studium wird der Mediziner zum Gegner von Krankheit und Sterben erzogen, als hätten diese zu verschwinden oder als dürfte es sie gar nicht geben. Besonders deutlich ist diese Einstellung bei jungen Ärzten ausgeprägt, die bis zum letzten Atemzug des Kranken mit allen ihnen dann zu Gebote stehenden Mitteln kämpfen, und die den dann doch eintretenden Tod fast wie eine Beleidigung empfinden. Nicht viel Verständnis zeigen sie, wenn man ihnen gegenüber den Standpunkt vertritt, der Mensch habe nicht nur ein Recht zu leben, sondern auch zu sterben“[5]. Ein erschütterndes Zeugnis dafür legt R. Kautzky in dem Bericht der Angehörigen eines Sterbenden vor[6].

Bezeichnend ist in diesem Zusammenhang auch unsere gängige Redewendung von den „hoffnungslosen Fällen“ oder dem „hoffnungslosen Zustand“ der Patienten. Da viele Untersuchungen gezeigt haben, daß Sterben nie ohne Hoffnung ist, eine „Hoffnung wider alle Hoffnung“ (Röm. 4, 18), die gerade dann anfängt zu hoffen, wenn alle Hoffnungen des Alltags zuschanden werden[7], legt sich die Vermutung nahe, daß die Rede vom „hoffnungslosen Fall“ mehr die eigene Hoffnungslosigkeit zum Ausdruck bringt als die des Patienten. Es ist der eigne empfindlich gekränkte Narzißmus, der uns (meist unbewußt) vor der Tür eines Sterbezimmers zögern läßt, der durch eine Spritze mit den Schmerzen des Patienten auch die Unruhe über die Vergeblichkeit des eigenen Tuns und mit einem Bibelwort die eignen Ängste und Zweifel verdeckt — oder der einfach nicht einsehen will, daß der Patient stirbt und das unter Aufbietung aller technischen Hilfsmittel zu verhindern sucht. In jedem Fall entfliehen wir damit der Kommunikation mit dem Sterbenden selbst[8].

---

[5] E. Wiesenhütter, Das furchtbare Erwachen aus dem Tod, in: Deutsches Allgemeines Sonntagsblatt Nr. 4 vom 27. 1. 74, S. 9.

[6] R. Kautzky (Hrsg.), Sterben im Krankenhaus. Aufzeichnungen über einen Tod. Freiburg im Breisgau 1976.

[7] H. Plügge, Über die Hoffnung, in: A. Sborowitz, E. Michel (Hrsg.): Der leidende Mensch, Düsseldorf/Köln 1960, S. 437, vgl. auch E. Kübler-Ross, a.a.O., S. 120 ff.

[8] Bei M. Bowers werden (S. 73 ff.) eine Reihe von „Masken“ aufgezählt, die von Geistlichen getragen werden, „um sich vor einer Begegnung

Da es aber eine „nonverbale Übertragung der Angst"[9] gibt, in der man, ohne daß man sich dessen bewußt wird, Signale der Angst, der Hilflosigkeit und Hoffnungslosigkeit abgibt und auffängt, bleibt dem Patienten die Abwehrhaltung des Arztes, der Schwester, des Pfarrers und auch der eigenen Angehörigen nie ganz und gar verborgen — wie sehr man sich auch darum bemüht (oder gerade *weil* man sich so darum bemüht!). Er spürt es auf einer anderen Kommunikationsebene, nimmt die wachsende Hoffnungslosigkeit um sich herum wahr, merkt, wie man sich allmählich von ihm zurückzieht — wodurch die eigne Angst und Not nur um so mehr zunimmt.

Der ernstlich kranke Patient entwickelt ein untrügliches Gespür für auch noch so leise Zeichen des Abgeschoben-werdens. Ein eindrucksvolles Zeugnis dafür ist der Bericht einer an Krebs erkrankten Frau, die gebeten worden war, ihre Erfahrungen auf dem Krankenbett niederzuschreiben. Jeder Seelsorger muß aufhorchen, wenn ein Mensch im Schatten des Todes feststellt: „Solches Abschieben kann auch fromm zugehen. Da weiß man genau, was jetzt für den Kranken wichtig ist, was jetzt seine Sache zu sein hat: sich auf den Tod vorzubereiten. Er hat anders zu denken, zu reden, zu lesen als man selbst. Er wird ja bald sterben. So schreibt und spricht man ihn nur in dieser Weise an und spürt nicht, wie grausam man ihn damit aussetzt aus der Welt des Lebens und in den Tod hineinstößt"[10].

Wie dies von der Seite des Seelsorgers her aussieht, zeigt der in einem Kurs klinischer Seelsorgeausbildung vorgelegte Bericht eines Teilnehmers von dem Besuch bei einer krebskranken Frau. Von der Schwester war er über deren „hoffnungslosen" Zustand informiert worden. Er versuchte, sich ganz auf sie einzustellen und bekam aufgrund seines empathischen Einfühlungsvermögens einen guten Kontakt zu ihr. Am folgenden

---

von Mensch zu Mensch zu schützen": Die Maske der „Absonderung" (man weiß mehr als die anderen und ist mit spezifischen Kräften ausgestattet), die Maske der rituellen Handlung, der spezifischen Sprache, der besonderen Kleidung und die Maske der Geschäftigkeit.

[9] M. Bowers, a.a.O. S. 64.

[10] T. und J. Tibbe, Leben an der Grenze des Todes, Neukirchen-Vluyn 1971, S. 12.

Tag wurde bei der Patientin ein kleiner operativer Eingriff vorgenommen. Als der Pastor sie wieder besuchte, fand er zu seinem Erstaunen die Patientin in einem völlig gewandelten Gemütszustand vor. Sie war erleichtert, scherzte und war voller Hoffnung, daß sie über den Berg sei. Der Pastor berichtete, daß er nicht in der Lage gewesen sei, sich auf die veränderte Lage umzustellen. Er war geradezu ein wenig „ärgerlich“, daß er sie nicht weiter als Sterbende begleiten konnte. Es hatte ihn ja so viel gekostet, sich auf sie einzustellen! Aus dem vorgelegten Gesprächsprotokoll über diesen Besuch zeigt sich, wie er — ein wenig ungläubig — eine Informationsfrage nach der anderen über ihr augenblickliches Befinden stellt.

Wie es dem Anstaltsziel des Krankenhauses widerspricht, zu sterben (so daß dadurch die Kommunikation mit dem Sterbenden behindert wird), so widersprach es in diesem Fall umgekehrt dem „Anstaltsziel“ der Kirche (jedenfalls wie der betreffende Pfarrer es in diesem Augenblick wahrnahm), daß die Patientin sich nicht auf den Tod vorbereitete. Da der Pfarrer vielerorts in Krankenzimmern als der Vorbote des Todes gefürchtet wird, stellt sich die Frage, ob es nicht tätsächlich so etwas wie ein „Anstaltsziel“ der Kirche gegeben hat oder noch gibt, das zu einseitig auf das Sterben fixiert ist. Die Kommunikation mit dem Sterbenden wird aber auf diese Weise genauso behindert wie durch das Anstaltsziel der Klinik. Als der oben erwähnte Seelsorger nach einigen Tagen die Patientin erneut aufsuchen wollte, lehnte sie ein Gespräch mit ihm mit der Begründung ab, es ginge ihr nicht gut.

Von diesem Sachverhalt her fällt ein neues Licht auf das so endlos wie fruchtlos diskutierte Problem der „Wahrheit am Krankenbett“. Zwei stillschweigende Voraussetzungen werden dabei in der Regel gemacht: Erstens, daß der Arzt (und diejenigen, die er eingeweiht hat) im Besitz der Wahrheit über den Zustand des Patienten seien, eine Wahrheit, die dem Patienten selber verborgen sei, und zweitens, daß die Kenntnis dieser Wahrheit dem Patienten schade, weil sie ihm die Hoffnung und den Lebensmut raube. Jedenfalls ist der Patient grundsätzlich der Ahnungslose.

Es ist aber zu fragen, ob diese Voraussetzung stimmt. In einer Teambesprechung mit den Schwestern, den Ärzten und dem Krankenhauspfarrer einer Station kam die Rede auf einen kürzlich verstorbenen Patienten, der jedem in der Gesprächsrunde gut bekannt gewesen war. Mit einem Ton der Erleichterung wurde von einem der Ärzte festgestellt: „Der war bis zum Schluß ahnungslos, wie es um ihn bestellt war." Alle pflichteten dem bei und hielten es sich zugute, daß es ihnen gelungen war, jeden Zweifel von dem Patienten fernzuhalten. Eine Schwester berichtete, daß er sie eines Tages gefragt habe: „Schwester, muß ich sterben?" und daß sie ihn daraufhin beschwichtigt habe. Der Seelsorger freilich meldete Widerspruch an. Er erzählte, daß er den Patienten etwa ein halbes Jahr vor seinem Tod zum ersten Male im Krankenhaus aufgesucht habe. Die ersten Worte, die er überhaupt aus dem Munde des Patienten gehört habe, seien gewesen: „Herr Pastor — ich muß sterben." Er hatte hinzugefügt: „Ihnen darf ich das ja sagen?" und darüber geklagt, daß er nicht einmal mit seiner Frau darüber sprechen könnte.

Diese Information rief Bestürzung hervor. Man fragte, warum er seine Befürchtung niemals den Schwestern und Ärzten mitgeteilt habe. Warum hielt er sein Ahnen und Wissen vor ihnen verborgen? Der Chefarzt fand die Erklärung: Der Patient habe wohl befürchtet, daß er unser Interesse und unsere Zuwendung verliert, wenn und sobald eine Übereinstimmung zwischen ihm und uns besteht, daß er nicht mehr zu retten ist. Er hat befürchtet, wir würden ihn aufgeben — und er befürchtete es zu Recht, fügte der Arzt nach einer kleinen Pause hinzu. Wir stoßen hier auf ein wichtiges Motiv, warum ein Schwerkranker es vermeidet, über seine Ahnungen, die langsam zur Gewißheit werden, zu reden. Wir irren, wenn wir allein aus der Tatsache, daß er uns nicht daraufhin anspricht, den voreiligen Schluß ziehen, er sei ahnungslos und unwissend. Er befürchtet vielmehr, er könnte aufgegeben, abgeschoben, vergessen werden, vorzeitig ausgestoßen aus dem Lande der Lebenden. Und er befürchtet es nicht ohne Grund in einer Gesellschaft, die Sterben und Tod verdrängt, und in einem Krankenhaus, das ausschließlich auf Gesundmachen, auf Heilung, auf die Wiederherstellung von Vitalität und Leistungsfähigkeit ausgerichtet ist.

Von der geschilderten Begebenheit her fällt auch ein Licht auf die Rolle des Seelsorgers. Von ihm jedenfalls erwartet der Patient, daß er zuhört, wenn er über seine Angst und Schwachheit spricht. Mit ihm möchte er über seine Empfindungen, Gefühle, Befürchtungen und vagen Hoffnungen sprechen dürfen. Das ist eine theologisch durchaus legitime Erwartung, wenn wir etwa das bedenken, was Paulus in 2. Kor. 12 über seine Schwachheit sagt. Wie schwierig es ist, dieser Erwartung zu entsprechen und seine Rolle als Pastor wahrzunehmen — dafür liefern die Protokolle dieses Buches eindrucksvolle Beispiele. Die Vermutung liegt nahe, daß es mehr um die eigene Schonungsbedürftigkeit geht, wenn wir den Mitmenschen schonen möchten, der sich anschickt, sich uns zu entziehen. Er entzieht sich unserer Fürsorge und unserer Liebe. Er läßt uns allein zurück, in großer Hilflosigkeit. Wir werden durch ihn unerbittlich aufmerksam gemacht auf die Grenzen, die unserem Können, unserer Liebe und unseren Gebeten gesetzt sind. Wir werden damit an die Grenze geführt, die auch unserem eigenen Leben gesetzt ist. Wir sträuben uns, diese Grenze anzuerkennen. Unsere Erfahrungen an Kranken- und Sterbebetten weisen darauf hin, daß die Betroffenen selbst uns in der Regel auf dem schwierigen Weg zur Anerkennung der Grenze des eigenen Lebens weit voraus sind. Oft genug bleiben *wir* in der Phase des Nicht-wahrhaben-Wollens stecken.

Die Frage der „Wahrheit am Krankenbett" ist also keine Frage von Grundsätzen und Dogmen, sondern ein Kommunikationsproblem. Wahrheit hat weniger mit bruta facta, mit nackten Tatsachen zu tun als mit Treue und Zuverlässigkeit, wie es der biblische Sprachgebrauch zeigt.

Es gibt eindrucksvolle Zeugnisse dafür, wie sehr alle Beteiligten unter den Kommunikationsbarrieren, die um ein Sterbebett herum aufgerichtet werden, leiden. Simone de Beauvoir hat es formuliert, was sie selber empfand, als sie (unter dem Druck des allgemeinen Schweigegebots) der Mutter Rede und Antwort verweigerte: „Wenn die Gewißheit sie erdrückte und es ihr gut getan hätte, sich durch Worte Luft zu machen, verurteilten wir sie zum Schweigen, zwangen sie, ihre Ängste zu unterdrücken und ihre Zweifel zu verdrängen: wie so oft in ihrem Leben fühlte sie sich zugleich schuldig und unverstanden"[11]. Aus dem Munde der Sterbenden erfahren wir verständlicherweise kaum, wie sie diese Barrieren erleben. Aber dafür leihen Dichter ihnen ihre Stimme. Leo N. Tolstois Erzählung „Der Tod des Iwan Iljitsch" ist eine unüberhörbare Mahnung an alle, in deren Nähe ein Mensch mit seinem Sterben beschäftigt ist. „Das, was Iwan Iljitsch am meisten quälte, war die Lüge — jene aus irgendeinem Grunde von allen verbreitete Lüge, daß er nur krank sei und keineswegs auf den Tod darniederliege und daß er sich nur ruhig verhalten und sich kurieren lassen müsse, damit etwas sehr Schönes dabei herauskomme. Denn er wußte ja: was immer auch getan wurde, es konnte nichts dabei herauskommen, außer noch qualvolleren Leiden und dem Tode. Und ihn quälte diese Lüge, es quälte ihn, daß jene nicht eingestehen wollten, was alle wußten und was auch er selber wußte, sondern daß ihr Wille war, ihn angesichts seiner entsetzlichen Lage zu belügen, und daß sie nicht nur wünschten, er solle selber an dieser Lüge teilnehmen, sondern daß sie ihn sogar dazu zwangen"[12]. Die psychische Situation eines Sterbenden im modernen Sanatorium hat in der Erzählung „Das Haus mit den sieben Stockwerken" von Dino Buzzati einen unvergleichlich dichterischen Ausdruck gefunden[13]. Die Patienten waren je nach dem Krankheitsbild über die sechs Stockwerke und das Erdgeschoß verteilt. Im obersten waren die ganz leichten Fälle untergebracht. Im untersten wurde hinter herabgelassenen Rolladen gestorben. Der Patient der Erzählung wird nun mit stets neuen Erklärungen, die immer positiv und so plausibel sind, daß er sich dagegen nicht zur Wehr setzen kann, im Lauf der Zeit auf die nächst-tiefere Station verlegt, bis er sich schließlich zu seinem Entsetzen auf der untersten wiederfindet und als letztes wahrnimmt, „daß der Rolladen, einem geheimnisvollen Befehl gehorchend, sich langsam senkte und dem Licht jeden Eintritt verschloß."

Umgekehrt liegen Zeugnisse dafür vor, wie befreiend es erfahren wird, wenn es zu derartigen Mauern des Schweigens nicht kommt. So berichtet jene krebskranke Frau, die wir schon

---

[11] A.a.O. S. 74.

[12] Wiesbaden o. J., S. 64.

[13] In: Dino Buzzati, Das Haus mit den sieben Stockwerken. Erzählungen. München 1966.

einmal zu Wort kommen ließen: „Ich brauchte mir nicht auf mein stummes Fragen hin die gewiß gutgemeinten, aber heuchelnden Tröstungen der Schwestern anzuhören ... Es blieb mir erspart, daß man zu mir im Zimmer anders sprach als draußen vor der Tür ... Das Wort „Krebs" wurde ausgesprochen, auch von mir. So wurde mir die Erniedrigung erspart, von taktlosen Tröstern aufgemuntert zu werden ... So blieb mir die Menschenwürde, die unlöslich zum Menschen gehört, erhalten. Ich konnte als Mensch weiterleben. Das Wichtigste dabei war wohl, daß mir und meinen Angehörigen das traurige Versteckspiel erspart blieb ... So ist keine Schranke zwischen uns entstanden. Wir sind zusammengeblieben, was gerade jetzt so nötig war, und sind näher zusammengekommen."

Wie hilfreich dies auch auf der Seite der Zurückbleibenden erfahren werden kann, soll ebenfalls durch einen Bericht belegt werden. Er stammt von Carl Friedrich von Weizsäcker. „Ich habe in diesem Zusammenhang eine Erfahrung gemacht. Mein kraftvollster philosophischer Schüler, auch physisch ein Bild der Gesundheit, mußte sich wenige Wochen nach seinem Doktorexamen einer Untersuchung unterziehen. Danach kam seine Frau zu mir und fragte mich um Rat. Der Klinikchef hatte ihr die Diagnose, inoperabler Krebs, gesagt, und ihr dringend ans Herz gelegt, sie ihrem Mann zu verschweigen. Sie fuhr fort: ‚Ich habe meinen Mann noch nie belogen. Was soll ich tun?! Ich kannte sie und antwortete: ‚Das können nur Sie selbst wissen. Aber wenn Sie sich entscheiden, es Ihrem Mann zu sagen, werde ich die Verantwortung dafür gegenüber dem Klinikchef auf mich nehmen.' Sie sagte es ihm.

Als ich ihn daraufhin besuchte, war er aus tiefer Unruhe in ruhige Gewißheit gewandelt. Er sagte: ‚Ich weiß jetzt, daß ich noch wenige Monate Zeit habe, um einige Dinge in meinem Leben zu ordnen, die ich sonst um Jahre hätte hinausschieben mögen.' Natürlich handelte es sich bei diesen Dingen im Kern um das Verhältnis zu Gott. Eine Weile ging es ihm selbst physisch besser. Ich habe ihn bis zu seinem Tod jede Woche besucht, in den Schwankungen seiner Zustände, und dieses Sterben war etwas vom Wirklichsten, was ich gesehen habe."[14]

[14] C. F. von Weizsäcker, Der Tod ist eine Schwelle. Gedanken zur

Es dürfte an den beiden letzten Beispielen deutlich sein, wie sehr die Offenheit der Beziehung in der letzten, kritischen Lebensphase von der offenen Kommunikation abhängt, die zuvor zwischen den Sterbenden und ihren Nächsten geherrscht hat. Diese Voraussetzung ist oft nicht gegeben. Welche Möglichkeiten dann der Seelsorger hat, zeigt die Gesprächsreihe, die in diesem Buch unter der Überschrift „Die Wahrheit am Krankenbett" wiedergegeben ist.

Was das Durchhalten der Kommunikation für den, der sich um einen Sterbenden kümmert, bedeutet, ermißt man, wenn man den Bericht über „Die Behandlung einer sterbenden Patientin" von Janice Norten liest[15]. Sie beschreibt die intensive Trauerarbeit einer Sterbenden, die diese aber nur leisten kann, weil jemand da ist, der die Trauer mit ihr teilt und trägt. Erst als die Patientin — nach Enttäuschungen, die sie mit ihrem Mann, ihren Eltern und auch ihrem Pfarrer erlebt hat — darauf vertrauen kann, daß die Therapeutin bei ihr bleiben und ihr zuhören würde, erlaubt sie es sich, mit ihr über die Verluste zu trauern, die ihr bevorstanden. Die Therapeutin verschweigt dabei nicht die großen Schwierigkeiten, die diese Trauerarbeit für sie selbst mit sich bringt. „Der sterbende Patient konfrontiert den Analytiker mit Schuldgefühlen und einer Verletzung seines Narzißmus. Die Tatsache, daß der Patient wirklich stirbt, mobilisiert unweigerlich Todeswünsche seiner Kindheit und erinnert ihn zugleich schmerzhaft an seine eigene Sterblichkeit. Abwehrmechanismen gegen eine oder beide Gegenübertragungen erklären zum größten Teil, warum sterbende Patienten so oft einsam sterben müssen."[16] Dies gilt natürlich für jeden, der sich in die Trauerarbeit eines Sterbenden einläßt, auch für den Seelsorger. Er muß selbst eine Zeit der Trauer durchmachen. Er muß sich über seine Gefühle, über seine Identifizierung mit dem Sterbenden oder seine Fluchtneigungen, klarwer-

---

religiösen und theologischen Sicht des Todesproblems, in: Evangelische Kommentare 11/1975, S. 652.

[15] Psyche XXII/1968, S. 99–117.

[16] A.a.O., S. 116. Die Bedeutung der Übertragungsphänomene für die seelsorgerische Arbeit zeigt J. Scharfenberg auf: Übertragung und Gegenübertragung in der Seelsorge, in: Forschung und Erfahrung im Dienst der Seelsorge, Festgabe für O. Haendler, Göttingen 1961, S. 80 ff.

den. Es ist wichtig für ihn, daß er sich seine eigene Trauer ein- und zugesteht — nur so bleibt er kommunikationsfähig.

Freilich — mit gutem Willen und einiger rationaler Einsicht allein ist dies nicht zu bewerkstelligen. Zu sehr sind wir mit unserem *ganzen* Sein, mit unserem emotionalen Erleben, mit unseren irrationalen Gefühlen, eigenen Ängsten und unbewußten Triebkräften daran beteiligt. Vielmehr sind wir unsererseits auf die Begleitung anderer angewiesen. Auf dieser Grundeinsicht beruht das von E. Kübler-Ross entwickelte Seminar. Auf dieser Grundeinsicht beruhen aber auch die Programme der Klinischen Seelsorgeausbildung.

2. Die Sprache der Sterbenden

Das Problem der Begleitung Sterbender ist ein Kommunikationsproblem. Das wichtigste Kommunikationsmittel ist die Sprache. An dieser Stelle stoßen wir auf eine Schwierigkeit, die unsere besondere Aufmerksamkeit erfordert. Sie liegt nicht allein in dem Umstand, daß uns — den Zurückbleibenden — die rechten Worte fehlen, sondern in der Beobachtung, daß es uns oft nicht gelingt, das zu verstehen, was uns Menschen, deren Lebenserwartung schnell abnimmt, mitteilen wollen.

So klagte ein Patient der Sozialarbeiterin des Krankenhauses seine Sorgen. Er fürchte, so sagte er, daß er mit seinem Kohlenvorrat nicht über den Winter käme, und er wisse nicht, wie er es bewerkstelligen solle, den Vorrat zu ergänzen. Er war darüber so beunruhigt, daß die Sozialarbeiterin die Ergänzung der Kohlenvorräte organisierte. Darauf ging sie wieder zu dem Patienten und überbrachte ihm die beruhigende Nachricht, sie habe sein Problem während seiner Abwesenheit erledigt. Doch zu ihrer Verwunderung mußte sie bemerken, daß dies den Patienten sehr wenig interessierte. Er nahm es kaum zur Kenntnis. Erst später verstand sie, was die eigentliche Sorge dieses Menschen gewesen war: Er hatte seine Befürchtung geäußert, daß er nicht mehr durch diesen Winter kommen würde. Und er sollte recht behalten.

Er hatte von seiner Situation in einem Bild gesprochen. Die Kohlen waren ein Symbol. Sein Leben war dem Verlöschen nahe — die Kälte hatte bereits nach ihm gegriffen. Natürlich war der Patient selbst sich dessen in dem Augenblick seines Gesprächs mit der Sozialarbeiterin nicht bewußt. Und natürlich war in seinem Brennstoffvorrat zu Hause auch eine Lücke. Und dennoch brach sich eine viel tiefergreifende Unruhe in eben der Sorge um den Wintervorrat Bahn.

In engem Zusammenhang hiermit steht die Angst vor der Verknappung des Geldes, vor Inflation und Geldverlust. Auf diesen Zusammenhang weist schon die auf das Geld bezogene Redensart von den „Kohlen", die „stimmen müssen", hin. Eine Rentnerin setzte durch ihre Angst, ihre Rente „erreichte sie im Krankenhaus nicht mehr", wiederum einen ganzen Organisationsapparat in Bewegung. Eine sterbende Frau, die kurz aus ihrem Halbschlummer erwachte, sprach von Hundertmark-Scheinen, die sie suchte. Es wäre „alles so teuer". Eine andere Frau ließ den Pfarrer rufen und forderte ihn auf, ihr Bankkonte sperren zu lassen. Freunde höben Geld davon ab. Ein sterbender Pfarrer klagte tagelang, er ruinierte seine Familie finanziell, und ließ sich durch den Hinweis auf Versicherungen und Pensionsanspruch nicht beruhigen. Diese Ängste hören wir von Sterbenden so häufig, daß sie als typisch für die rapide abnehmende Lebenskraft bezeichnet werden können. Wie sehr das zu Konflikten mit den nächsten Angehörigen führen kann, haben wir in einem Fall dargestellt (S. 39 ff.). Der Seelsorger ist regelmäßig von den „materialistischen" Sorgen eines Sterbenden, der über das Geld redet (über Geld redet man nicht, schon gar nicht im Angesicht des Todes) irritiert. Es ist wichtig für ihn, diese Ängste als Symbolsprache zu verstehen, in der sich die Krise, *sich selbst* loslassen zu müssen, Ausdruck verschafft. Es handelt sich dabei um alles andere als um eine bewußte Verschlüsselung oder Verschleierung. Vielmehr werden wir darauf aufmerksam, daß unsere Sprache vielschichtig ist, daß wir es aber im Zuge einer beispiellosen Verarmung unserer Sprache und unseres Sprachgefühls verlernt haben, sie in ihren Tiefendimensionen zu verstehen und zu gebrauchen. Zwar sind wir in der Lage, Informationen auszutauschen. Die Massenmedien sind unsere Lehrmeister in der Vermittlung nackter Tatsachen geworden. Wir vergessen dabei, daß wir uns damit in nur einer, und zwar sehr oberflächlichen Sprachschicht bewegen. Für die tieferliegenden Schichten, die ohne jeden

Zweifel die ursprünglicheren sind, in denen sich Liebe und Schmerz, Angst und Hoffnung ausdrücken, sind uns die Worte abhanden gekommen, und unser Ohr ist ihnen gegenüber abgestumpft. Über Berechenbares und Meßbares können wir uns leidlich verständigen: Im Blick auf das Unberechenbare und Irrationale aber erweisen wir uns als hilflos und verständnisarm[17]. Irritiert reagierten alle Umstehenden, als eine Frau den Pfarrer bat, ihr die Armbanduhr vom Handgelenk zu nehmen: An ihrem Arm befand sich nämlich keine Uhr. Sie wollte aber mitteilen, ihre Zeit sei abgelaufen.

Wir beobachten, daß in Menschen in Krisen- und Grenzsituationen die tieferen Sprachschichten unversehens aufbrechen. Die Sprache der nackten Tatsachen reicht nicht mehr aus, ihre Befindlichkeit auszudrücken. So wird die Sprache transparent. Alltägliches wird zum Symbol, Profanes zum Gleichnis für das Unfaßbare und Ungewisse.

Theologen haben es nicht leicht, sich auf diese Sprachschichten einzulassen. Sie sind in einer dogmatisch-abstrakten Sprache erzogen und erwarten, daß ihre Mitmenschen ihre „Existenzialien" auch in den gängigen Abstraktionen zum Ausdruck bringen. Es fällt auf, daß kaum ein Betroffener über „den Tod" spricht. Fragen nach der „Angst vor dem Tod" werden in der Regel verneint. Aber in der Angst vor dem Computer, gegen den der beste Arzt nicht ankommt und dem man sich völlig hilflos ausgeliefert fühlt, drückt sich die augenblickliche Befindlichkeit der Patientin adäquat aus! Eine andere Patientin bat den Seelsorger, ein sie bedrängendes Bild aus ihrem Krankenzimmer zu entfernen. Es handelte sich um die Graphik einer Strelitie, einer exotischen Blüte, die durch einen gelben, schnabelartigen Auswuchs entfernt an einen Vogel erinnert. Unter dem Eindruck des vorausgegangenen Gesprächs assoziierte der Pfarrer: Totenvogel. Er sprach mit dem Stationsarzt darüber, der eine lebensbedrohliche Erkrankung der

[17] Vgl. P. Tillich, Die verlorene Dimension, Hamburg 1962, besonders S. 39 ff.: „Die Sprache der Religion." Ich habe das Phänomen des Verlustes der Symbolsprache und seine theologischen Konsequenzen am Beispiel des Kirchenlieds untersucht: „Der Verlust einer Dimension. Beobachtungen zum rationalistischen Gesangbuch." In: Jahrbuch f. Liturgik und Hymnologie 16/1971, S. 84–104.

Patientin weit von sich wies. Am nächsten Morgen war die Frau tot.

Viele Menschen planen kurz vor ihrem Tod eine Reise. Eine Frau, die eindeutig zu erkennen gegeben hatte, daß sie sich von ihrem Lager nie wieder würde erheben können, sagte in demselben Atemzug: „Der Doktor hat gesagt, nächste Woche kann ich mal aufstehen, dann geht er mit mir spazieren, ganz weit... nächste Woche oder bald." Zwei Tage darauf starb sie. Der Spaziergang — nächste Woche oder bald — meinte den letzten Gang. Das in diesem Fall besonders vertrauensvolle Verhältnis zu dem Arzt findet in der Gewißheit seinen Ausdruck, daß er sie begleiten werde[18].

Oft werden Reisen in ferne Länder geplant, nach Skandinavien, weil dort die Natur noch nicht so zerstört ist, oder über das Meer in den Süden. Regelmäßig ist es ein Ort, zu dem der Lärm und die Unrast unserer Zeit keinen Zugang haben. Es kann auch das Elternhaus sein, in das sie heimkehren möchten. Ein Patient forderte die Umstehenden auf, seine Habseligkeiten zusammenzupacken und fing selbst an, den Nachttisch auszuräumen, damit die Sachen in den Koffer gelegt wurden. Er mahnte zur Eile, da der Wagen bereits vor der Tür stünde. Er wähnte, daß er seine Schuhe bereits an den Füßen habe und war verwirrt, als er die Bettdecke zurückschlug und entdeckte, daß dies nicht der Fall war. Nach einem kurzen Zeichen des Einverständnisses zwischen der Frau des Patienten und dem anwesenden Krankenhauspfarrer packte sie tatsächlich den Koffer. Es gelang ihr, ihren Mann mit dem Hinweis zu beruhigen, daß sich die Abreise nur noch ein wenig verzögere. Er hat nicht mehr sehr lange warten müssen.

Der von vielen Schwerkranken kurz vor ihrem Sterben geäußerte Wunsch, nach Hause entlassen zu werden, wird in der Regel richtiger verstanden, wenn man dabei die Verse des alten Sterbeliedes mitklingen hört: „Ich wollt, daß ich daheime wär, und aller Welte Trost entbehr" — als wenn man dabei nur die vier Wände vor Augen hat, für die der monatliche Mietzins entrichtet werden muß.

---

[18] Dies Beispiel ist ausführlich wiedergegeben in meinem Buch: Gesprächsanalysen, Göttingen ²1975, S. 63–69 („Ein Gespräch mit Sterbenden").

Der Seelsorger wird weniger in Versuchung kommen, Wünsche und Hoffnungen dieser Art zu korrigieren (oder, wenn ihm die These von der Symbolsprache einleuchtet, dem Sterbenden zu deuten), wenn ihm aufgeht, daß die hier gebrauchte Sprache oft in alten Sterbeliedern wiederzufinden ist[19], wobei in der Regel nicht vorausgesetzt werden kann, daß die betreffenden Menschen diese alten Lieder je gekannt haben. Das Sterbelied „Herzlich tut mich erfreuen die schöne Sommerzeit" mit seiner Sehnsucht nach Erneuerung der ganzen Kreatur klingt durch die Urlaubsplanungen für den „nächsten Sommer" nur allzu oft hindurch.

Ein besonders eindrückliches Beispiel sind die Worte einer 64jährigen Frau — es sind die letzten Worte, die der Seelsorger überhaupt von ihr hört. Dabei fällt ihm auf, wie sich das schmerzverzerrte Gesicht der Frau in ein gelöstes Lächeln verwandelt. Sie sagt (unterbrochen von Passagen, die der Seelsorger nicht versteht): „Afrika ist ein wunderbares Land, ein gelobtes Land . . . eine goldene Stadt . . . Johannesburg, die vielen Goldgräber . . . eine herrliche Stadt . . . Immer scheint dort die Sonne, es gibt dort nur eine ganz kurze Regenzeit . . . Und viel Geld kann man dort verdienen, viel, viel mehr als hier . . . Da verdienen Sie (zum Pfarrer) auch mehr Geld, da müssen Sie mal hin, da gibt's ja auch eine Kirche, und die kann dafür sorgen, daß Sie eine billige Überfahrt bekommen — Sie kennen die Kirche dort sicher. (Der Pfarrer nickt.) Dann müssen Sie bald hinfahren. Wollen Sie hinfahren? (Der Pfarrer sagt: Ich möchte schon!) Ja, das ist schön. Das müssen Sie . . . vielleicht träumen Sie jetzt sogar davon (lacht) . . . ein wunderbares Land, schöner als Italien und Spanien . . . ja so ähnlich wie . . . wie Indien . . . dort die Apostel (unverständlich) oder wie das da heißt . . . Da müssen Sie mal hin . . . die Kirche wird schon dafür sorgen, daß Sie eine billige Überfahrt haben, und dann kommen Sie zurück und erzählen mir, ich schreibe Ihnen unsere Adresse auf, oder Sie schreiben Sie sich auf . . . (Der Seelsorger nimmt sich Zettel und Bleistift, die Frau nennt ihre Anschrift) Und dann sprechen Sie mal mit Ihrer Frau Gemahlin darüber, aber warten Sie nicht zu lange . . . "

[19] Vgl. hierzu meine Untersuchung: Ars moriendi und Kirchenlied, in: Jahrbuch f. Liturgik und Hymnologie 19/1975, S. 105–122.

Der Seelsorger mußte während dieser Worte an das Lied: „Jerusalem, du hochgebaute Stadt, wollt Gott, ich wär in dir!" denken. Er hütete sich, der Frau zu sagen, daß es für ihn auf absehbare Zeit ganz und gar unmöglich sei, nach Johannesburg zu fahren und daß dort zur Zeit auch nicht alles Gold sei, was danach aussehe. Er verstand, daß es sich nicht um das vorfindliche Johannesburg handeln konnte, und daß die Frau etwas anderes von ihm erwartete als einen Urlaubsbericht. Was die Frau von ihm erwartete, hatte etwas mit seiner Rolle als Pastor zu tun. Er sollte ihr erzählen, wie es „dort" aussah (das vorfindliche Johannesburg war ihr bekannt). In diesem Beispiel vereinigen sich übrigens das „Geld"- und das „Reise"-Motiv.

Wie wenig wir in solchen Situationen verstehen wollen oder können, zeigt sich daran, daß wir uns vor der Tür des Krankenzimmers oft zuraunen, der Patient sei schon verwirrt. Unter Umständen wird sogar nach einer beruhigenden Spritze gerufen.

Besonders hilflos sind wir, wenn unser Mitmensch nicht nur verwirrende Dinge sagt, die unsere Welt der nackten Tatsachen durchkreuzen, sondern wenn er sie auch ausagiert. Ein eindrucksvolles Beispiel dafür finden wir in Wilhelm Raabes Erzählung „Villa Schönow"[20]. Ein sterbender Kriegsveteran wähnt sich auf einem Schlachtfeld. Es ist zum Sturm geblasen, aber ein Wassergraben vor ihm bietet ein unüberwindbares Hindernis. Der Sterbende wird immer unruhiger darüber, daß er dies Hindernis nicht nehmen kann. Die Umherstehenden sind ratlos. Ein Freund aber, der die Sprache des Sterbenden versteht, tritt an das Bett, faßt den Kämpfenden unter den Arm und hilft ihm mit einem ermunternden Kampfesruf durch den Graben hindurch. Damit ist dann auch das letzte Hindernis überwunden. Hier klingt das alte mythologische Motiv des Hadesflusses an, der das Dies- und das Jenseits voneinander trennt.

Ein letzter Bericht soll zeigen, wie Traummotive und biblische Bilder miteinander zusammenhängen können und wie zugleich die Grenzen zwischen Traum und Realität aufgehoben werden.

---

[20] Wilhelm Raabe, Berliner Trilogie, Hamburg 1965, S. 175 ff.

Es handelt sich um einen etwas über 60 Jahre alten Mann. Er war im Finanzamt tätig gewesen, und seine Angehörigen erzählten später, er habe sich — solange sie ihn kannten — nie Gefühle geleistet. Er habe ganz und gar seinen Pflichten und Zahlen gelebt. Der Krankenhauspfarrer wurde gebeten, ihn weiter zu begleiten, als er — weil „nichts mehr zu tun" sei — nach Hause entlassen wurde. Der Mann wußte, daß er sterben mußte. Er sagte: „Ich *kann* nur noch nicht sterben." In den Wochen, die er noch Zeit hatte, scheint er all das nachgeholt zu haben, was er sich während seines Lebens versagt hatte. Er vergoß alle zurückgehaltenen Tränen. Und er träumte — was er ebenfalls niemals getan hatte. Am nächsten Morgen konnte er seine Träume dem Seelsorger erzählen. Sie hatten alle mit dem Sterben zu tun.

Die Angehörigen dieses Mannes glaubten zunächst an eine geistige Umnachtung, als er mehrere Nächte hindurch mit Moby Dick kämpfte, jenem unheimlichen Wal, den zu besiegen der Mensch nicht in der Lage ist. Der Schwerkranke konnte am nächsten Morgen die Einzelheiten seines Kampfes genau beschreiben. Die Angehörigen hatten alle Kräfte aufbieten müssen, den Träumenden zu bändigen.

Der Seelsorger erinnerte sich, daß der Wal ein uraltes Symbol für das Geheimnis des Sterbens und der Wiedergeburt ist. Im Alten Testament begegnen wir ihm in dem Wal des Jona. Auch Jesus hat einmal seinen Tod und seine Auferstehung mit dem Gleichnis (Matth. 12, 40) gedeutet. Nun kämpfte dieser Mann mit dem Wal. Er starb an seinem Geburtstag[21].

Wollen wir die Sprache der Sterbenden verstehen lernen, dann werden wir uns mit dem Geheimnis von Tod und Auferstehung neu beschäftigen müssen. Es lebt — von uns in der Regel unerkannt — in einer Fülle von Bildern, Gleichnissen und Träumen fort. Wenn wir uns von ihnen berühren lassen, werden wir entdecken, daß sie zu unserer eigenen Sprache gehören. Wir werden uns selber besser verstehen. Und das scheint die Voraussetzung dafür zu sein, Sterbende zu verstehen.

---

[21] Vgl. dazu: U. Steffen, Das Mysterium von Tod und Auferstehung. Formen und Wandlungen des Jona-Motivs. Göttingen 1963.

Literaturhinweise

Der unmittelbare Kontakt mit Sterbenden

E. Kübler-Ross: Interviews mit Sterbenden, Stuttgart–Berlin 1971. (Das Buch ist vermutlich deshalb so verbreitet, weil der Leser in den dokumentierten „Phasen" des Sterbens eigene Erfahrungen mit Sterbenden wiedererkennt und verstehen lernt.)

E. Kübler-Ross: Was können wir noch tun? Antworten auf Fragen nach Sterben und Tod. Stuttgart–Berlin 1975.

E. Kübler-Ross: Reif werden zum Tode, Stuttgart–Berlin 1976. (Ein Sammelband verschiedener Autoren. Nicht so hilfreich wie die ersten beiden Bände.)

M. K. Bowers u. a.: Wie können wir Sterbenden beistehen, München 1971. (Eine bemerkenswerte Gemeinschaftsarbeit einer Psychotherapeutin, eines Pfarrers, eines Psychiaters und eines klinischen Psychologen.)

A. P. L. Prest: Die Sprache der Sterbenden, Göttingen 1970. (Der Originaltitel lautet: Emotional Aspects of the Death Process. Das Erleben der Sterbenden wird biblischen Zitaten gegenübergestellt. Ein Buch mit vielen Protokollen. Entfaltung einer „Theologie des Todes".)

P. Sporken: Menschlich sterben, Düsseldorf 1972. (Ein kleines Handbuch für Pfarrer, Ärzte und Pflegeberufe.)

C. van der Meer und H. Mochel: Wenn nicht ein Wunder geschieht. Das Geleit von Sterbenden, Konstanz 1973. (Text einer niederländischen Fernsehsendung, in der ein unheilbar kranker Arzt interviewt wird.)

E. Engelke: Signale ins Leben. Begegnungen mit Sterbenden. Pfeiffer Werkbücher Nr. 138, München 1977. (Hier kommen Sterbende selber zu Wort. Die Texte entstammen Gesprächsprotokollen und sind meditativ verarbeitet worden. Der Leser soll sich mit ihnen identifizieren.)

Das Hilfreiche an den vorstehenden Büchern ist, daß sie von Autoren stammen, die ihre Kontakte mit Sterbenden darin reflektieren und verarbeiten.

Einstellung zu Tod und Sterben

A. Hahn: Einstellungen zum Tod und ihre soziale Bedingtheit, Paderborn 1968. (Die soziologische Studie weist nach, daß das Todesbewußtsein mit dem „Todeskontakt" korreliert. Je weiter der Mensch von konkretem Erleben von Tod und Sterben entfernt ist, desto weniger setzt er sich mit seinem Todesschicksal auseinander.)

W. Fuchs: Todesbilder in der modernen Gesellschaft, Frankfurt/Main 1969. (Eine gesellschaftskritische Studie. Die These von der ubiquitären Verdrängung des Todes wird zurückgewiesen, „archaische Relikte", die das Verständnis des Todes bestimmen, werden aufgedeckt und das Bild vom „natürlichen Tod als friedliches Verlöschen" entworfen.)

K. Dirschauer: Der totgeschwiegene Tod. Theologische Aspekte der kirchlichen Bestattung, Bremen 1973. (Anhand der Analyse von Todesanzeigen in einer Tageszeitung werden Einstellungen der Menschen in einer Großstadt zum Tod erhoben und Konsequenzen für kirchliches Handeln daraus gezogen.)

H. Nitschke (Hrsg.): Wir wissen, daß wir sterben müssen. Gütersloh 1975. (51 Autoren, darunter Künstler, Theologen, Schriftsteller und Journalisten, nehmen persönlich Stellung.)

St. Baum: Der verborgene Tod. Auskünfte über ein Tabu. Frankfurt/M 1976. (Wiedergabe von 33 Interviews mit den verschiedensten Personen, die mit Sterbenden zu tun hatten oder haben.)

Sterben im Krankenhaus

Barney G. Glaser, A. Strauß: Interaktion mit Sterbenden. Beobachtungen für Ärzte, Schwestern, Seelsorger und Angehörige. Göttingen 1974. (Eine detaillierte soziologische Studie aus Amerika, welche die Behinderungen von Interaktionen mit Sterbenden aufdeckt.)

Ephrem E. Lau: Tod im Krankenhaus. Soziologische Aspekte des Sterbens in Institutionen. Köln 1975. (Ergänzt die amerikanische Studie durch Beobachtungen in Deutschland.)

Trauer

Y. Spiegel: Der Prozeß des Trauerns. Analyse und Beratung. München und Mainz 1973. (Eine „integrative Studie", die psychologische, soziologische und theologische Gesichtspunkte berücksichtigt.)

Euthanasie

P. Moor: Die Freiheit zum Tode. Ein Plädoyer für das Recht auf menschenwürdiges Sterben. Euthanasie und Ethik. Reinbeck bei Hamburg 1973. (Der Verfasser schreibt aus unmittelbarer Betroffenheit durch das Sterben seiner krebskranken Schwester.)

H. Mochel: Milder Tod. Euthanasie. Aufzeichnungen nach einer Fernsehsendung. München 1973. (Aus Holland.)

J. Wunderli: Euthanasie oder Über die Würde des Sterbens. Ein Beitrag zur Diskussion. Stuttgart 1974. (Ist das Handeln des Arztes „Ausdruck von Liebe und Solidarität, wird der Arzt zum wirklichen Sterbehelfer, nicht nur Sterbehilfe-Techniker".)

V. Eid (Hrsg.): Euthanasie oder Soll man auf Verlangen töten? Mainz 1975.

H.-D. Hiersche (Hrsg.): Euthanasie. Probleme der Sterbehilfe. Eine interdisziplinäre Stellungnahme. München 1975. (Zwei Sammelbände mit Beiträgen von Ärzten, Psychologen, Juristen, Soziologen und Theologen.)

G. Geilen: Euthanasie und Selbstbestimmung. Juristische Betrachtungen zum „Recht auf den eigenen Tod". Tübingen 1975. (Akademievortrag. „Ein seitens des Patienten eingelegtes ‚Behandlungsveto' ist juristisch eindeutig verbindlich.")

U. Eibach: Medizin und Menschenwürde. Ethische Probleme in der Medizin aus christlicher Sicht. Wuppertal 1976. (Eine umfassende Darstellung und Diskussion. Der Verf. hat die Problematik als Krankenhausseelsorger selber kennengelernt.)

Selbsterfahrung im Sterben

E. Wiesenhütter: Blick nach drüben. Selbsterfahrungen im Sterben. Hamburg 1974. (Bericht eines Arztes von eigenem Erleben nach zwei Lungeninfarkten.)

J. Chr. Hampe: Sterben ist doch ganz anders. Erfahrungen mit dem eigenen Tod. Stuttgart 1975. (Reanimierte berichten über ihre Erfahrungen. Diese Erfahrungen werden im Blick auf Tod und Sterben gedeutet.)

Theologie

E. Jüngel: Tod (Themen der Theologie Bd. 8), Stuttgart—Berlin 1971. („Dieses Büchlein ist der Versuch, die Frage nach dem Tod so zu stellen, daß eine Antwort des Glaubens möglich wird ... es fordert das Denken.")

R. Leuenberger: Der Tod. Schicksal und Aufgabe. Zürich 1971. (I. Die Menschlichkeit des Todes; II. Der Tod in der Erfahrung des Glaubens; III. Der Tod als Aufgabe.)

D. Sölle: Leiden (Themen der Theologie, Ergänzungsband) Stuttgart 1973. (Eine leidenschaftliche Auseinandersetzung, nachdem die Theologie dies Thema lange Zeit unbeachtet gelassen hat.)

F. Winter: Seelsorge an Sterbenden und Trauernden. Göttingen 1976. (Der Verf. ist Theologe in der DDR. Eine Theologie von Sterben und Tod. Der praktische Teil verhandelt die Probleme kompendienartig.)

Tiefenpsychologie und Psychiatrie

J. E. Meyer: Tod und Neurose, Göttingen 1973. (Die Bedeutung der Todesangst bei der Entstehung von Neurosen. Weiter werden geistesgeschichtliche, soziologische und medizinische Aspekte berücksichtigt. Das Büchlein ist allgemeinverständlich geschrieben.)

Berichte über Tod und Sterben

Willy Kramp: Der letzte Feind, München 1969. (Das Sterben des Bruders des Dichters, eines Pfarrers.)

Simone de Beauvoir: Ein sanfter Tod, Reinbek bei Hamburg 1968. (Krankheit und Sterben der Mutter der Dichterin in einem Krankenhaus.)

Anne Philipe: Nur einen Seufzer lang, Reinbek bei Hamburg 1969. (Meditationen der Trauer über den Tod ihres Mannes, Gérard Philipe.)

J. Evans: Leben mit einem, der stirbt. Eine Liebesgeschichte. Stuttgart 1973. (Eine Journalistin beschreibt Krankheit und Sterben ihres Mannes und ihren Kampf, ihn zu Hause sterben zu lassen.)

R. Kautzky (Hrsg.): Sterben im Krankenhaus, Freiburg—Basel—Wien 1976. (Tagebuchartige Aufzeichnungen einer Frau über das Sterben ihres Mannes in einem Krankenhaus. Eine leidenschaftliche Klage und Anklage gegen eine Institution, die einem Menschen seinen Tod verwehrt.)

D. Fredriksson: Lehnart starb jung, Göttingen 1977. (Bericht einer Mutter über Erkrankung und Tod ihres 16jährigen Sohnes.)

Überblick

W. Bitter: Alter und Tod — annehmen oder verdrängen? Stuttgart 1974. (Vorträge auf der Internationalen Arbeitsgemeinschaft „Arzt und Seelsorger" 1973.)

Concilium (Internationale Zeitschrift für Theologie) 18. Jahrg. 1974, Themaheft „Sterben" (S. 233–305). (Aufsätze zu allen Bereichen des Themas.)
J. Schwartländer (Hrsg.): Der Mensch und sein Tod. Göttingen 1976. (U. a. mit Beiträgen zum Islam, Hinduismus und Zen-Buddhismus.)
Was ist der Tod? München ²1970. (11 Rundfunkvorträge und eine Diskussion.)